傲游猫

李锐

中国知名节目主持人，因在热门亲子户外真人秀节目《爸爸去哪儿》中担任“村长”角色而广为人知。他真挚而温暖的形象深植人心，睿智而风趣的主持风格俘获粉丝无数。

选对大学，从认识名校开始

（上）

立鸿鹄之志，
启名校征程！

陕西新华出版
未来出版社
·西安·

目录

关于大学，你不可不知的几件事

北京

北京大学 12
清华大学 16
北京航空航天大学 20
中国人民大学 22
北京师范大学 24
北京理工大学 25
中国农业大学 26
中央民族大学 27
北京交通大学 28
北京邮电大学 29
北京科技大学 30
北京工业大学 31
华北电力大学 31
中国地质大学（北京） 32
中国矿业大学（北京） 32
中国石油大学（北京） 33
中国传媒大学 34
中国政法大学 35
对外经济贸易大学 36
中央财经大学 37
北京中医药大学 38
北京林业大学 38
北京化工大学 39
北京体育大学 40
中央音乐学院 41
中央美术学院 41
北京外国语大学 42
中国人民公安大学 43

天津 河北

河北工业大学 45
南开大学 46
天津大学 48
天津医科大学 49

黑龙江 吉林 辽宁

哈尔滨工程大学 51
哈尔滨工业大学 52
东北农业大学 54
东北林业大学 55
吉林大学 56
延边大学 57
东北师范大学 57
东北大学 58
辽宁大学 58
大连理工大学 59
大连海事大学 59

山东 山西 河南

中国海洋大学 61
山东大学 62
中国石油大学（华东） 63
太原理工大学 64
郑州大学 65

陕西 甘肃 宁夏 青海 新疆 西藏 内蒙古

西安交通大学 68
西北工业大学 70
西北农林科技大学 72
陕西师范大学 73
西安电子科技大学 74
西北大学 75
长安大学 76
空军军医大学 77
兰州大学 78
宁夏大学 80
青海大学 81
新疆大学 82
石河子大学 83
西藏大学 84
内蒙古大学 85

上海

复旦大学 88
同济大学 90
华东师范大学 92
上海交通大学 93
华东理工大学 94
上海大学 94
东华大学 95
上海外国语大学 96
上海财经大学 97
海军军医大学 97

江苏 浙江 安徽

南京大学 100
东南大学 102
中国矿业大学 103
南京航空航天大学 104
南京理工大学 105
南京农业大学 106
南京师范大学 106
中国药科大学 107
苏州大学 108
河海大学 109
江南大学 109
浙江大学 110
中国科学技术大学 112
安徽大学 113
合肥工业大学 113

重庆 四川

西南大学 115
重庆大学 116
四川大学 118
电子科技大学 119
西南交通大学 120
四川农业大学 121
西南财经大学 121

湖北 湖南

华中科技大学 123
武汉大学 124
中国地质大学（武汉） 126
武汉理工大学 127
中南财经政法大学 127
华中师范大学 128
华中农业大学 128
湖南大学 129
中南大学 130
湖南师范大学 131
国防科技大学 132

福建 江西 广东

厦门大学 134
福州大学 136
南昌大学 137
中山大学 138
华南理工大学 140
华南师范大学 141
暨南大学 142

广西 海南 云南 贵州

广西大学 144
海南大学 145
云南大学 146
贵州大学 147

关于大学，你不可不知的几件事

截至 2024 年 4 月，全国共有 115 所大学被纳入“211 工程”。

什么是“211 工程”？

“211 工程”是中国政府在 20 世纪 90 年代启动的高等教育发展战略项目，全称为“面向 21 世纪重点建设 100 所左右的高等学校和一批重点学科的建设工程”。入选“211 工程”的大学被视为中国国内的重点大学，在政策支持、经费投入、教育资源、学科建设、研究能力等方面享有较高优先级。

“985 大学”都是“211 大学”，但“211 大学”不一定是“985 大学”。

全国共有 39 所大学被纳入“985 工程”，包括清华大学、北京大学、复旦大学、上海交通大学、浙江大学等知名学府。

什么是“985 工程”？

“985 工程”是中国政府在 20 世纪 90 年代启动的国家级高等教育发展战略项目，全称为“世界一流大学和高水平大学建设工程”。入选“985 工程”，意味着一所大学是中国顶级的高等教育机构之一，它不仅在国内享有极高的声誉和学术地位，在国际上也有一定的知名度和影响力。

该评选始于 2015 年，第一轮“双一流”评选于 2016 年启动，结果在 2017 年公布。

第二轮“双一流”评选于 2021 年底启动，并于 2022 年 12 月底公布结果。

什么是“双一流”？

“双一流”是中国高等教育领域最新的国家战略，全称为“世界一流大学和一流学科建设”。该计划在原有“211 工程”和“985 工程”的基础上，进一步优化整合教育资源，集中力量建设世界一流大学和一流学科。

“C9 联盟”是哪几所学校?

C9 联盟是指中国九校联盟，是中国首个顶尖大学间的高校联盟，旨在通过深化合作、资源共享、优势互补等方式，在人才培养、科学研究等领域提升整体实力，达到国际一流水平。C9 联盟成员名单如下：北京大学、清华大学、复旦大学、上海交通大学、南京大学、浙江大学、中国科学技术大学、西安交通大学、哈尔滨工业大学。

这些高校均为国家首批“985 工程”重点支持建设的世界一流大学，在国内外享有极高声誉。

这些学校在相关领域都有重要的影响力，且为中国的产业发展输送了大量的优质人才。

国防七子（G7 联盟）

国防七子是指中华人民共和国工业和信息化部直属的 7 所高校，因其在国防科技领域的重要贡献和特殊地位而得名。这 7 所学校分别是：北京航空航天大学、北京理工大学、哈尔滨工业大学、哈尔滨工程大学、南京航空航天大学、南京理工大学、西北工业大学。

建筑老八校

“建筑老八校”是指在中国较早开设建筑学相关专业且在行业内具有重要影响力的 8 所高等学府，它们对中国建筑学的发展产生了深远影响。这 8 所学校包括：清华大学、同济大学、东南大学、天津大学、哈尔滨工业大学、重庆大学、西安建筑科技大学、华南理工大学。

两电一邮

“两电一邮”是中国 3 所在信息技术领域处于顶尖地位的高校的简称。这 3 所学校在信息技术、电子科学与技术、通信工程等相关领域有着很高的学术地位和行业影响力，毕业生就业率高且深受企业欢迎。具体指的是：电子科技大学、西安电子科技大学、北京邮电大学。

五院四系

“五院四系”是中国法学教育领域内极具影响力和知名度的几所高等院校的统称，它们在法学教育、法学研究以及法治人才培养等方面具有举足轻重的地位。

五院：中国政法大学、西南政法大学、西北政法大学、中南财经政法大学、华东政法大学。

四系：北京大学法律系、中国人民大学法律系、武汉大学法律系、吉林大学法律系。

首都北京是我国的政治、文化、科技中心，也是享誉世界的国际都市。这里名校云集，群英荟萃，翻开城市卷轴如同打开大学的藏宝盒，心仪的高校一所接一所。

—— 北京 ——

地道风物

红遍香山的枫叶，人声鼎沸的胡同巷口，久负盛名的老北京烧卖、乾隆白菜、糖葫芦……地道风物是这座城市的见面礼。

国家大剧院中流派纷呈的京剧表演，阵容强大的话剧演出；中国国家图书馆中透着时光印迹的胶片资料和古籍善本……丰富的文化资源是北京的另一张名片。

“985 工程”
“211 工程”
“双一流”

北京大学
清华大学
北京航空航天大学
中国人民大学
北京师范大学
北京理工大学
中国农业大学
中央民族大学

“211 工程”
“双一流”

北京交通大学
北京邮电大学
北京科技大学
北京工业大学
华北电力大学
中国地质大学（北京）
中国矿业大学（北京）
中国石油大学（北京）
中国传媒大学
中国政法大学
对外经济贸易大学
中央财经大学
北京中医药大学
北京林业大学
北京化工大学
北京体育大学
中央音乐学院
北京外国语大学

“双一流”

中央美术学院
中国人民公安大学
北京协和医学院
中国科学院大学
首都师范大学
外交学院
中央戏剧学院
中国音乐学院

中国近现代第一所国立综合性大学

北京大学

北京大学的创办源于戊戌变法，是中华民族救亡图存、兴学图强的象征。北京大学“上承太学正统，下立大学祖庭”，其创办之初是国家最高教育行政机关，后来成为新文化运动的中心和五四运动的策源地。

名校身份证

校名： 北京大学（简称：北大）
学校类别： 综合类
学校地址： 北京市海淀区颐和园路 5 号
办学层次： “985 工程”“211 工程”“双一流”

重点学科知多少

第一轮“双一流”建设学科

哲学 理论经济学 应用经济学 法学 政治学 社会学 马克思主义理论 心理学 中国语言文学 外国语言文学 考古学 中国史 世界史 数学 物理学 化学 地理学 地球物理学 地质学 生物学 生态学 统计学 力学 材料科学与工程 电子科学与技术 控制科学与工程 计算机科学与技术 环境科学与工程 软件工程 基础医学 临床医学 口腔医学 公共卫生与预防医学 药学 护理学 艺术学理论 现代语言学 语言学 机械及航空航天和制造工程 社会政策与管理 商业与管理

第二轮“双一流”建设学科

（自主确定建设学科并自行公布）

你知道吗？

1950 年 3 月，毛泽东同志为北京大学题写了校名。

不可不知的名校风景

拥有皇家血统的园林——燕园

北京大学校本部坐落在燕园。燕园是明清时期的皇家园林，气度宏伟、风景灵秀。燕园的“园中之园”燕南园是无数名家大师的故居，文学家冰心、美学家朱光潜、哲学家冯友兰等都曾居住在这里……

首批国家重点古籍保护单位

学术沃土——北京大学图书馆

这座了不起的图书馆距今已有120多年的历史，是中国最早的现代新型图书馆之一，馆藏160万册中文古籍，是不折不扣的文化瀚海。

博雅塔下，未名湖畔

未名湖是北京大学校园内最大的人工湖，整个湖呈“U”形，坐落于学校中北部。湖中央有一座湖心岛。常常跟未名湖一起出现在照片中的还有博雅塔，它设计巧妙，兼具沉稳与灵气。

名校有历史

1898 年	创办京师大学堂
1912 年	更名为北京大学
1937 年	南迁长沙，与清华大学、南开大学组建国立长沙临时大学
1938 年	迁至昆明，组建国立西南联合大学
1946 年	北平（现北京）复学
1952 年	成为以自然科学和人文社会科学基础学科教学与研究为主的综合性大学

报考小贴士

设有“筑梦计划”，使来自农村和贫困地区的优秀学子能享受优质的教育资源。

校园文化与精神象征

红色打卡地——红楼

北京大学红楼，前身为北京大学第一院，始建于 1916 年，是一座具有革命传统的近代建筑，李大钊、陈独秀、毛泽东等人曾在这里传播马克思主义和民主科学进步思想，历史价值非凡。

中国地质学的根基

1909 年，北京大学创立地质学门，开中国地质学教育事业之先，同年建立我国最早的地学专业科研型博物馆——北京大学地质陈列馆，后于 2009 年更名为北京大学地质博物馆。可以说，中国地质学的根基在北大。丁文江、李四光等地质学家在北大为中国地质学的发展做出了不可磨灭的贡献。

北京大学是“文强理弱”吗?

北京大学是全国最好的大学之一，与清华大学合称“清北”，是无数学子梦寐以求的高等学府。很多人以为北京大学“文强理弱”，实际上这是对北大的误解。北京大学除了文科实力首屈一指，理科实力也不容小觑，是我国最好的综合性大学之一。

李锐讲名校故事

无社团，不青春

1904 年，京师大学堂“抗俄铁血会”开启了北大学生社团的历史。目前，北大已有近 200 家学生社团，涵盖政治理论、学术科创、文化艺术、体育健身、公益志愿、实践促进、合作交流、地域文化八大类别，是北大学子酣畅淋漓的青春写照。

校徽也有大手笔

1917 年，北京大学校长蔡元培邀请鲁迅为北大设计校徽。标志中心“北大”二字由 3 个人形图案组成，意为学校是育人之所，也寄托着对北大学子振兴民族的期望。

鲁迅为北大设计的校徽

> 北大是常为新的，改进的运动的先锋，要使中国向着好的，往上的道路走。
>
> ——鲁迅

既有最强大脑，也有最强体魄

清华大学

苔痕草色，和煦书香，清华大学兼具历史的厚重与青春的活力，是人文与科学并重的学术“应许之地”，也是中西融汇、古今贯通的文化传播之舟。当你走进清华，新知识目不暇接，旧时光转瞬即逝。

名校身份证

校名：清华大学（简称“清华”）
学校类别：综合类
学校地址：北京市海淀区双清路 30 号
办学层次：“985 工程”“211 工程”“双一流”

校训：自强不息，厚德载物

重点学科知多少

第一轮“双一流”建设学科

法学 政治学 马克思主义理论 数学 物理学 化学 生物学 力学 机械工程 仪器科学与技术 材料科学与工程 动力工程及工程热物理 电气工程 土木工程 设计学 水利工程 信息与通信工程 控制科学与工程 计算机科学与技术 建筑学 软件工程 化学工程与技术 核科学与技术 环境科学与工程 生物医学工程 城乡规划学 风景园林学 管理科学与工程 工商管理 公共管理 会计与金融 经济学和计量经济学 统计学与运筹学 现代语言学

第二轮“双一流”建设学科

（自主确定建设学科并自行公布）

你知道吗？

“清华”来自东晋谢混《游西池》一诗中的“水木湛清华”。

报考小贴士

“姚班”每年通过奥赛招生和二次招生等方式来招收学生，大三年级学生 100% 赴海外一流高校交换学习。

不可不知的名校风景

百年历史见证者——工字厅

工字厅是清华园内目前唯一保存完好的清代古建筑，已有 300 多年的历史，前、后两大殿中间以短廊相接，俯视像一个“工”字，这也是其名字的由来。

被误解的佳作诞生地——水木清华

“水木清华”被称为清华园的“园中之园”，水木清华的荷塘旁有一尊朱自清纪念雕像，因此很多人以为这里是佳作《荷塘月色》的诞生地。其实，朱自清的《荷塘月色》中的荷塘位于清华园的另一景近春园中。

标志性建筑物——二校门

二校门位于清华东西主干道清华路，是清华最早的主校门，始建于 1909 年。1933 年，校园扩建，园墙外移后有了新校门，它就被称为“二校门”。

名校有历史

1911 年	前身清华学堂始建
1912 年	更名为清华学校
1928 年	更名为国立清华大学
1937 年	南迁长沙，与北京大学、南开大学组建国立长沙临时大学
1938 年	迁至昆明，组建国立西南联合大学
1946 年	迁回清华园

校园文化与精神象征

精神家园——清华大学图书馆

清华大学图书馆由新馆和老馆两部分组成，新馆在 1993 年获“国家优秀工程设计金奖”。

这里曾留下曹禺创作《雷雨》笔耕不辍的身影，是钱锺书立下“横扫图书馆”伟愿之处，也是杨绛先生最爱的地方。

馆藏总量超 500 万册（件），中、外文学术性全文电子期刊逾 25 000 种，包括明万历年间的治理黄河、运河的水利名著《治水筌蹄》重刊本。

白色巨人——天文台

天文台的前身是建成于 1931 年夏的国立清华大学气象台。1952 年，清华大学气象系被并入北京大学。后来，随着天体物理学科的建成，气象台更名为天文台，经修缮加盖后更显壮观，如同屹立于时光之中的白色巨人。

清华大学的前身——清华学堂

清华大学的前身“清华学堂”，是用美国退还的部分“庚子赔款”办的一所留美预备学校。1909 年 6 月，清政府在北京设立游美学务处，选派学生游美的同时，着手筹设游美肄业馆（后改为“清华学堂”），并确定清华园为校址。

李锐讲名校故事

无体育，不清华

清华大学重视体育，如果学生体育不及格，就拿不到毕业证。1957 年，时任清华大学校长的蒋南翔倡议“为祖国健康工作五十年”，一代代清华人强身健体、爱国奉献，将“无体育，不清华”的精神贯彻始终。

冬奥背后的清华智慧

北京冬奥会的主场馆国家跳台滑雪中心“雪如意”和滑雪大跳台“雪飞天”，由清华大学建筑人主导设计，中国元素的巧妙融入，使其既有体育建筑的动感，又凸显出诗意的东方美学。在“雪如意”场馆，运动员起跳时甚至可以看到长城遗迹。

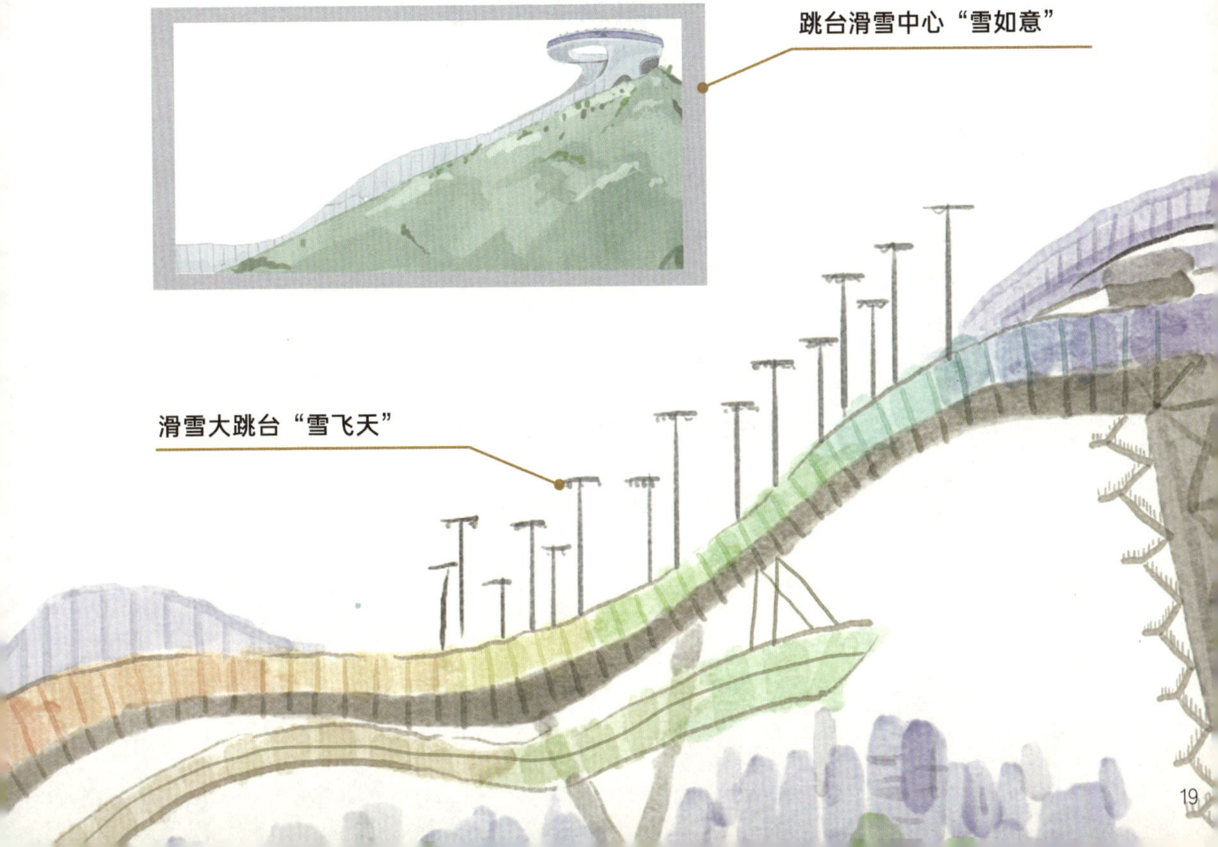

为国而生的飞行器研发智囊团

北京航空航天大学

北京航空航天大学是新中国第一所航空航天高等学府，“国防七子”之一。心怀青云之志，不惧星汉之遥，从填补国内高空无人侦察机空白的杨为民，到花甲之年执“神舟”帅印的戚发轫，为国问天是北航人的毕生追求。

名校身份证

校名：北京航空航天大学（简称：北航）
学校类别：综合类
学校地址：北京市海淀区学院路 37 号
办学层次：“985 工程”“211 工程”“双一流”

校训：德才兼备，知行合一

重点学科知多少

第二轮“双一流”建设学科

仪器科学与技术 交通运输工程
计算机科学与技术 控制科学与工程
软件工程 力学 材料科学与工程
航空宇航科学与技术

名校有历史

1952 年 由北京工业学院航空系、清华大学航空工程学院、四川大学航空系合并成立北京航空学院

1988 年 更名为北京航空航天大学

不可不知的名校风景

北航学子的往复经年——北航主楼

校园内的第一座主体建筑，是典型的苏式建筑，门口悬挂着“为人民服务”的红色题词。

蝉鸣鸟叫荷花香——绿园

北航校园内供师生晨练、晨读、放松、休憩的最佳场所，陪伴北航学子成长，也见证着学校的兴盛。

李锐讲名校故事

“天宫课堂”开讲啦！

2023 年 9 月 21 日，正在太空出差的北航教授桂海潮，在“天宫课堂”为地面上的人们展示中国空间站梦天实验舱的工作生活场景，将课堂从北航搬到了空间站。

北京航空航天博物馆

北京航空航天大学中最不可错过的游览地，当数北京航空航天博物馆。博物馆分为长空逐梦、银鹰巡空、神舟问天、空天走廊 4 个展区，馆藏 300 多件国内外公认的航空航天文物精品和珍贵实物。

亚洲最大的单体教学楼——新主楼

建成于 2006 年 9 月，总建筑面积 22.6 万平方米，占地面积超过 3 艘辽宁舰全甲板面积。

报考小贴士

有志成为飞行员的考生，须符合民航招收飞行学员的身体条件、心理品质条件和政治条件。

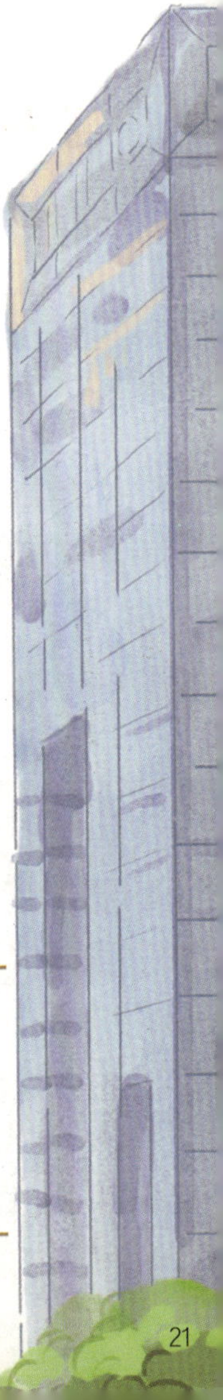

从烽火中走来的人民的大学

中国人民大学

1937 年，中国人民大学的前身陕北公学于抗日烽火中诞生，光荣的革命传统和鲜明的红色基因根植于人大血脉，铸就其“党办的大学让党放心、人民的大学不负人民”的精神品格。

名校身份证

校名：中国人民大学（简称：人大）
学校类别：综合类
学校地址：北京市海淀区中关村大街 59 号
办学层次：“985 工程”“211 工程”“双一流”

校训：实事求是

报考小贴士

人大的马克思主义理论专业是全国同类学科中唯一的国家级重点一级学科。

重点学科知多少

第二轮“双一流”建设学科

哲学 理论经济学 应用经济学
政治学 法学 社会学 新闻传播学
马克思主义理论 中国史 统计学
公共管理 工商管理 农林经济管理
图书情报与档案管理

你知道吗？

人大校徽由篆书“人”字图形构成，分别代表着“人民”“人本”“人文”。

不可不知的名校风景

校训石

中国人民大学校园东门口的“实事求是”校训石修建于20世纪90年代，校训石上的四个字，既是人大朴实无华的精神底色，又是中华文明的精髓所在。

一勺池

一勺池，又名“人大海”，是中国人民大学的一处人工池塘，形状像一滴水。

名校有历史

1937年 陕北公学成立

1939年 华北联合大学成立

1948年 与北方大学合并成立华北大学

1950年 组建中国人民大学

李锐讲名校故事

既有红色基因也能文艺摩登

人大有两面涂鸦墙。一面在校外的人民大学南路上，出自中央美术学院的学生、798艺术区的年轻人、海外留学生之手。还有一面位于校内的品园楼前，现在的涂鸦多用于校园活动宣传。

被誉为“延安五老”之一的首任校长

中国人民大学的首任校长吴玉章是中国共产党早期领导人之一，担任校长长达17年，任职期间，他曾做过三件影响深远的事：推动简体汉字、汉语拼音改革和推广普通话。作为一位德高望重的教育家，吴玉章以“一辈子做好事”的崇高精神影响着人大学子。

名家云集的师范类院校排头兵

北京师范大学

为人师表栽桃李，化雨春风育栋梁。作为中国师范类著名学府，北京师范大学以教师教育、教育科学和文理基础学科为特色，怀抱深厚稳固的国学传统，高扬锐意进取的时代精神，名家云集、学者辈出。

名校身份证

校名： 北京师范大学（简称：北师大）

学校类别： 师范类

学校地址： 北京市海淀区新街口外大街 19 号

办学层次： “985 工程”“211 工程”“双一流”

校训：学为人师，行为世范

名校有历史

1902 年 前身京师大学堂师范馆创办

1937 年 参与组建国立西北联合大学

1949 年 复用“北京师范大学”原名

重点学科知多少

第二轮“双一流”建设学科

哲学 教育学 心理学 中国语言文学

外国语言文学 中国史 数学 地理学

系统科学 生态学

环境科学与工程 戏剧与影视学

李锐讲名校故事

木铎金声一百年

北京师范大学建校百年纪念碑木铎金声是用紫铜精心打造的，“木铎”是教师的别名，象征着传播知识、教书育人的使命。

报考小贴士

有志成为教育领域专业人员的学生，可以了解提前批次招生、公费师范生计划、定向师范生项目等特殊政策。

实力强大却不露锋芒的高校“扫地僧”

北京理工大学

北京理工大学是中国共产党创办的第一所理工科大学，更是大名鼎鼎的“国防七子”和“兵工七子”之一。建校以来，北理工毕业生中有百余位省部级以上党政领导和将军、80 余位院士等。

名校身份证

校名： 北京理工大学（简称：北理工）
学校类别： 理工类
学校地址： 北京市海淀区中关村南大街 5 号
办学层次： “985 工程” “211 工程” “双一流”

重点学科知多少

第二轮“双一流”建设学科

物理学　材料科学与工程
控制科学与工程
兵器科学与技术

校训：德以明理，学以精工

名校有历史

1940 年 延安自然科学院创立
1948 年 华北大学工学院成立
1952 年 更名为北京工业学院
1988 年 更名为北京理工大学

李锐讲名校故事

忆峥嵘岁月——“金戈铁马”的国防文化主题广场

北京理工大学良乡校区的国防文化主题广场于 2020 年落成，2021 年被评为北京市爱国主义教育基地，总占地面积 3 000 余平方米，陈列有第二次世界大战以来的珍贵历史坦克车辆等 15 台套。

背景特殊的保密小能手

北理工是我国军工类院校中的顶尖大学，很多科研涉及国家机密。每一位北理工的学生在入学时都需要上一门关于保密的培训课程。

报考小贴士

设有徐特立英才班、数学基础拔尖班等，培养拔尖创新人才。

中国农业的最高学府

中国农业大学

春生、夏长、秋收、冬藏，农业是中华文明的立根之基，中国农业大学以农立校，是中国现代农业高等教育的起源地。

名校身份证

校名：中国农业大学（简称：中国农大）
学校类别：农林类
学校地址：北京市海淀区清华东路 17 号
办学层次：“985 工程”“211 工程”“双一流”

重点学科知多少

第二轮“双一流”建设学科

生物学 畜牧学 作物学 兽医学
食品科学与工程 植物保护
农业资源与环境 农业工程 草学

校训：解民生之多艰，育天下之英才

名校有历史

1905 年 京师大学堂农科大学成立
1949 年 由北京大学农学院、清华大学农学院和华北大学农学院合并为北京农业大学
1995 年 与北京农业工程大学合并成立中国农业大学

李锐讲名校故事

老校门——百年稼穑盼丰年

老校门始建于 1912 年前后，夕阳余晖之下，校门上雕刻的飞龙和祥云纹饰仿佛在诉说中国人自古以来对丰年的祈盼。

校庆馒头背后的农业新科技

在中国农大 118 岁生日时，校长孙其信团队将研制出的小麦新品种“农大 753”，从实验站带到了人们的餐桌上，制成美味的“花式”校庆馒头。

报考小贴士

思考一下未来是否愿意投身农业科研、农业技术推广或是食品生产与安全等相关行业，对自己的未来有一个初步的职业规划。

不同的民族，千种的生活方式

中央民族大学

中央民族大学汇聚 56 个民族智慧之光，以传承与弘扬民族文化为己任，培养了一批又一批具有国际视野、家国情怀和深厚民族文化底蕴的优秀人才。

名校身份证

校名： 中央民族大学（简称：中央民大）

学校类别： 民族类

学校地址： 北京市海淀区中关村南大街 27 号

办学层次： “985 工程” “211 工程” “双一流”

重点学科知多少

第二轮“双一流”建设学科

民族学

校训：美美与共，知行合一

名校有历史

1941 年 延安民族学院成立

1951 年 中央民族学院在北京成立

1993 年 更名为中央民族大学

报考小贴士

中央民大针对报考本校的少数民族学生，有一系列的专项计划、加分政策或优惠政策。

李锐讲名校故事

民族博物馆——汇集 56 个民族文化的宝库

在北京，最具民族特色的地方莫过于中央民族大学的民族博物馆，这里的馆藏有各民族展品文物，如民间传统服饰、乐器等近 5 万件（套），堪称汇集我国 56 个民族文化的宝库。

始于铁路摇篮，驶向交通未来

北京交通大学

北京交通大学兴起于“铁路救国”浪潮中，是中国近代铁路管理、电信教育的发祥地。战火纷飞时，北京交大学子是英勇抗争的开路先锋；和平岁月里，他们是肩挑重任的栋梁之材。

名校身份证

校名： 北京交通大学（简称：北京交大）
学校类别： 理工类
学校地址： 北京市海淀区上园村 3 号
办学层次： “211 工程”“双一流”

校训：知行

重点学科知多少

第二轮“双一流”建设学科

系统科学

李锐讲名校故事

冬奥“大雪花”的幕后驭风人

2022 年北京冬奥会的主火炬台是一片美丽晶莹的“大雪花”，整体是镂空结构。北京交通大学风洞实验室工作人员的抗风技术支持，让它在冬日寒风中稳稳当当地亮相。

“亚洲第一高”校门

走进北京交大，据传为“亚洲第一高”的南校门昂然静立，见证着一批批学子满怀憧憬而来，带着梦想与成就而去。

名校有历史

1896 年	创立南洋公学和山海关北洋铁路学堂
1909 年	清政府创办铁路管理传习所
1921 年	与上海工业专门学校等合并组建交通大学
1923 年	更名为北京交通大学
1950 年	定名为北方交通大学
1952 年	改称北京铁道学院
2003 年	恢复使用北京交通大学校名

报考小贴士

北京交通大学目前有北京主校区和威海校区。威海校区位于山东省威海市南海新区，以国际化办学为主。

“信息黄埔”，互联网人才基地

北京邮电大学

作为新中国第一所邮电高等学府，北京邮电大学在通信、信息网络、电子科学与技术等方面声誉极高，优秀的北邮学子常常是大厂竞相争抢的“香饽饽”。

名校身份证

校名： 北京邮电大学（简称：北邮）
学校类别： 理工类
学校地址： 北京市海淀区西土城路 10 号
办学层次： “211 工程”“双一流”

重点学科知多少

第二轮“双一流”建设学科

信息与通信工程
计算机科学与技术

校训：厚德博学，敬业乐群

名校有历史

1955 年 北京邮电学院成立
1959 年 北京电信学院及其附属中技部并入北京邮电学院
1960 年 北京邮电科技大学并入北京邮电学院
1993 年 更名为北京邮电大学

报考小贴士

为培养高端急需人才设立未来学院，开设“元班”实验班，招生专业名称为电子信息类（元班）和计算机类（元班）。

李锐讲名校故事

黑色地砖组成的“神秘符文”

北邮西门校训石正前方的灰白色路面中间镶嵌有长短相间的黑色地砖，这些“神秘符文”是莫尔斯电码图案，解码后会发现它是北邮的校训。

实力不输 985 的 211 工科强校

北京科技大学

北京科技大学是新中国建立的第一所钢铁工业高等学府，被誉为“钢铁摇篮”。

名校身份证

校名： 北京科技大学（简称：北科大）

学校类别： 理工类

学校地址： 北京市海淀区学院路 30 号

办学层次： “211 工程” “双一流”

重点学科知多少

第二轮“双一流”建设学科

科学技术史

材料科学与工程

冶金工程 矿业工程

校训：求实鼎新

名校有历史

1952 年 清华大学等 6 所院校的矿冶系科组建北京钢铁工业学院

1960 年 更名为北京钢铁学院

1988 年 更名为北京科技大学

报考小贴士

截至 2023 年，北京科技大学冶金工程学科六年蝉联世界第一，人才培养和教学科研居国际领先水平。

李锐讲名校故事

北京奥运会的主场馆之一

北科大体育馆在 2008 年北京奥运会中承担了柔道、跆拳道比赛。在柔道、跆拳道运动中，不同颜色的“带”代表不同级别。场馆外观 3 米宽、间距 0.75 米的锈红色金属板正传递着“带”的信息。

高素质创新人才培养的重要基地

北京工业大学

北京工业大学以工为主，是工、理、经、管、文、法、艺术、教育相结合的市属重点大学。

名校身份证

校名： 北京工业大学（简称：北工大）
学校类别： 理工类
学校地址： 北京市朝阳区平乐园 100 号
办学层次： “211 工程”“双一流”

重点学科知多少

第二轮“双一流”建设学科

土木工程

校训：不息为体，日新为道

名校有历史

1960 年	成立北京工业大学
1990 年	原北京联合大学经济管理学院并入北工大
2005 年	原北京艺术设计学院并入北工大

中国电业结构的绝对主力

华北电力大学

珍视环境，关注生态，华北电力大学为适应国家能源电力实业的发展需求而诞生，堪称绿色能源教育的璀璨明珠。

名校身份证

校名： 华北电力大学（简称：华电）
学校类别： 理工类
学校地址： 北京市昌平区北农路 2 号
办学层次： “211 工程”“双一流”

校训：团结，勤奋，求实，创新

重点学科知多少

第二轮“双一流”建设学科

电气工程

名校有历史

1958 年	成立北京电力学院
1970 年	更名为河北电力学院
1978 年	更名为华北电力学院
1995 年	与北京动力经济学院合并组建华北电力大学

地学精英的梦想启航地

中国地质大学（北京）

中国地质大学（北京）以在地质科学和资源环境领域的卓越贡献而闻名，为我国的地学教育和科学研究事业做出了重要贡献。

名校身份证

校名： 中国地质大学（北京）
（简称：北地）

学校类别： 理工类

学校地址： 北京市海淀区学院路 29 号

办学层次： “211 工程” “双一流”

重点学科知多少

第二轮“双一流”建设学科

地质学　地质资源与地质工程

校训：艰苦朴素，求真务实

名校有历史

1952 年　成立北京地质学院

1987 年　更名为中国地质大学，总部设在武汉

2005 年　总部撤销，北京、武汉两地独立办学

矿业科技与教育的殿堂

中国矿业大学（北京）

开发矿业，振兴中华。中国矿业大学（北京）传承百年矿大精神，培养了一批又一批德才兼备、具有全球视野和社会责任感的高级矿业人才。

重点学科知多少

第二轮“双一流”建设学科

矿业工程　安全科学与工程

名校身份证

校名： 中国矿业大学（北京）
（简称：中国矿大（北京））

学校类别： 理工类

学校地址： 北京市海淀区学院路丁 11 号

办学层次： “211 工程” “双一流”

校训：明德至善，好学力行

名校有历史

1909 年　前身焦作路矿学堂创建

2003 年　以“中国矿业大学（北京）”独立办学

石油石化人才大本营

中国石油大学（北京）

中国石油大学（北京）是能源领域内的教育与科研重地，在石油石化学科方面具有举足轻重的地位。

名校身份证

校名： 中国石油大学（北京）
（简称：中石大）

学校类别： 理工类

学校地址： 北京市昌平区府学路 18 号

办学层次： “211 工程”“双一流”

校训：厚积薄发，开物成务

名校有历史

1953 年 成立北京石油学院

1988 年 更名为石油大学，校本部设在北京，由北京和华东两个校区组成

2005 年 更名为中国石油大学

重点学科知多少

第二轮“双一流”建设学科

地质资源与地质工程
石油与天然气工程

报考小贴士

截至 2023 年，中国石油大学北京校区在校生总数 1.8 万余人，本科生与研究生比例为 1∶1。克拉玛依校区位于新疆维吾尔自治区克拉玛依市，两校区独立招生，录取时互不调剂。

李锐讲名校故事

西部边陲的“黑色血液”守护者

石油常被人诗意地称为“黑色血液”，中国石油大学（北京）克拉玛依校区成立于 2015 年。中国新疆维吾尔自治区的克拉玛依油田是新中国成立后勘探开发的第一个大油田，克拉玛依在维吾尔语中的意思是“黑油”。

中国广播电视及传媒人才摇篮

中国传媒大学

中国传媒大学坐落于北京古运河畔。学校多年来以培养国家所需、适应多种媒体、走向国际舞台的优秀传媒人才为己任，被誉为“信息传播领域知名学府”。

名校身份证

校名： 中国传媒大学（简称：中传）

学校类别： 综合类

学校地址： 北京市朝阳区定福庄东街一号

办学层次： “211 工程”“双一流”

报考小贴士

为适应新环境、新形势，中国传媒大学强化信息传播领域“小综合”的学科特色，走新工科、新文科融合发展之路。

重点学科知多少

第二轮“双一流”建设学科

新闻传播学　戏剧与影视学

校训：立德，敬业，博学，竞先

名校有历史

1954 年　开办中央广播事业局技术人员训练班

1958 年　成立北京广播专科学校

1959 年　成立北京广播学院

2004 年　更名为中国传媒大学

李锐讲名校故事

国内首家五位一体的国家级传媒类综合性博物馆

中国传媒大学传媒博物馆是国内首家集“传媒文物收藏、传媒实物展示、传媒史学研究、传媒文创教育、传媒体验服务”五位一体的国家级传媒类综合性博物馆。从传统到现代、从国内到国际，传媒技术和传播艺术的演进记录了人类文明发展的进程。

中国法学教育的最高学府

中国政法大学

中国政法大学是一所以法学学科为特色和优势，兼有政治学、理学、工学等学科的高校。学校前身是由北京大学、清华大学等四所高校的法律系、政治系等合并而成的北京政法学院。

名校身份证

校名： 中国政法大学（简称：法大）

学校类别： 政法类

学校地址： 北京市昌平区府学路 27 号

办学层次： “211 工程”“双一流”

报考小贴士

法学为优势专业，设有多个特色实验班，如法学人才培养模式改革实验班、涉外法律人才培养模式实验班等。

校训：厚德，明法，格物，致公

重点学科知多少

第二轮“双一流”建设学科

法学

名校有历史

1952 年 北京政法学院成立

1983 年 与中央政法干部学校合并，组建成立中国政法大学

李锐讲名校故事

亚洲最大的法学类图书馆——法渊阁

图书馆是大学的文化符号，作为亚洲最大的法学类图书馆，法渊阁不仅是知识的海洋，也是思想碰撞的殿堂。馆内有一面“法”字墙，墙上展示着不同国家和地区文字中的“法”字，寓意着对法治精神的广泛传播和深刻理解。

与世界经济脉搏同频的经贸高校

对外经济贸易大学

对外经济贸易大学是新中国第一所培养对外贸易专门人才的高等学府，极具国际化特色，多国元首和领导人都曾访问过这里。

名校身份证

校名： 对外经济贸易大学（简称：贸大）
学校类别： 财经类
学校地址： 北京市朝阳区惠新东街 10 号
办学层次： “211 工程” “双一流”

报考小贴士

学校设置“一体四翼”本科生培养模式，学生可以根据自身情况选择课程，自主安排学习进程和上课时间。

重点学科知多少

第二轮“双一流”建设学科

应用经济学

校训：博学，诚信，求索，笃行

名校有历史

1951 年 成立高级商业干部学校
1954 年 与中国人民大学对外贸易专业合并成立北京对外贸易学院
1983 年 与国际经济管理学院合并
1984 年 更名为对外经济贸易大学

李锐讲名校故事

对外经济贸易大学的初代学者

于澎湃浩瀚中扬家国志，在时代变迁中育栋梁材。中国国际贸易学科奠基人之一姚曾荫，国际商法学科领域的“鼻祖”沈达明，当代女政治活动家张素我……对外经济贸易大学的“初代学者”治学严谨、心怀家国，给贸大学子留下万千启迪。

中国财经管理专家的摇篮

中央财经大学

中央财经大学是新中国成立后中央人民政府创办的第一所新型高等财经院校，担负着强国富民的使命。

重点学科知多少

第二轮“双一流”建设学科

应用经济学

名校身份证

校名： 中央财经大学
（简称：中央财大）
学校类别： 财经类
学校地址： 北京市海淀区学院南路 39 号
办学层次： “211 工程”“双一流”

校训：忠诚，团结，求实，创新

名校有历史

1949 年 创办华北税务学校
1952 年 中央财经学院成立
1996 年 更名为中央财经大学
1998 年 中央财政管理干部学院并入中央财经大学

李锐讲名校故事

豪情万丈的龙马精神

中央财经大学的标志性雕塑由“龙马”和象征乾坤的太极球组成，名为“龙马担乾坤”，“龙马”腾跃，展现出其顶天立地、超越自我的豪情壮志。

报考小贴士

虽然是 211 院校，但财经类专业评级超过一些 985 院校，学科优势明显。

扬古医仁心，承千年之术

北京中医药大学

北京中医药大学汇聚了中医药的精髓，注重传统与现代的结合，培养既能传承千年中医经典，又能掌握现代医学技术的复合型人才。

重点学科知多少

第二轮“双一流”建设学科

中医学 中西医结合 中药学

名校身份证

校名： 北京中医药大学
（简称：北中医）

学校类别： 医药类

学校地址： 北京市朝阳区北三环东路 11 号

办学层次： “211 工程” “双一流”

校训：勤求博采，厚德济生

名校有历史

1956 年 成立北京中医学院

1993 年 更名为北京中医药大学

2000 年 与原北京针灸骨伤学院合并，组建新的北京中医药大学

林荫下的生态筑梦者

北京林业大学

北京林业大学树木葱茏、学风浓厚，是探索自然奥秘、研究生态平衡的圣地。这里的学子致力于林业科学的发展，守护着绿水青山。

名校身份证

校名： 北京林业大学
（简称：北林）

学校类别： 农林类

学校地址： 北京市海淀区清华东路 35 号

办学层次： “211 工程” “双一流”

重点学科知多少

第二轮“双一流”建设学科

风景园林学 林学

校训：知山知水，树木树人

报考小贴士

开设“梁希实验班”，实施导师制，本硕博贯通式学习，招生专业包括林学、水土保持与荒漠化防治等。

名校有历史

1952 年 成立北京林学院

1956 年 北京农业大学造园系和清华大学建筑系部分并入

1985 年 更名为北京林业大学

彰显中国化工成就的领军学府

北京化工大学

北京化工大学自创立以来一直是化学领域的佼佼者，有着基础夯实的理科和实力不菲的工科，实验设备先进，学术氛围浓厚。从这里走出的化工精英，将用智慧与汗水，书写化学工业的新篇章。

名校身份证

校名：北京化工大学
（简称：北化）
学校类别：理工类
学校地址：北京市朝阳区北三环东路 15 号
办学层次：“211 工程”“双一流”

重点学科知多少

第二轮“双一流”建设学科

化学工程与技术

报考小贴士

推行大类招生，即第一学年不分专业，实施大类培养，大一结束时根据学生个人意愿和择优考核原则进行专业分流。

校训：宏德博学，化育天工

名校有历史

1958 年 始建北京化工学院
1994 年 更名为北京化工大学

李锐讲名校故事

见证化工辉煌的侯德榜塑像

北京化工大学的启荣园，坐落着著名中国化工专家侯德榜的塑像。侯德榜是北京化工大学的重要人物，为中国制碱工业的发展做出了巨大贡献，他埋头苦干 6 年，终于在 1926 年得到了期盼已久的白色纯碱。这种纯碱被命名为“红三角”牌，纯度达到 99%，日产超过 30 吨。同年 8 月，在美国费城举办的万国博览会上，“红三角”牌纯碱荣膺了金质奖章。

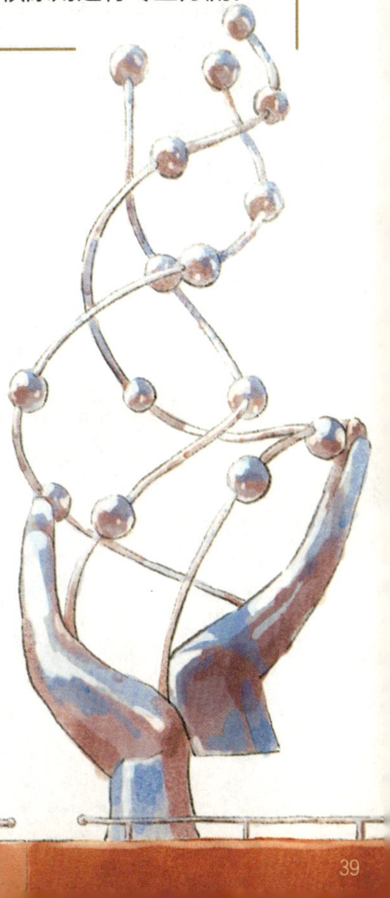

体育人才孵化地

北京体育大学

奋勇争先、为国争光，北京体育大学在竞技体育、全民健身、体育产业等方面扎实开展教育教学工作，为体育强国建设锻造生力军、铸就新辉煌。

名校身份证

校名： 北京体育大学（简称：北体大）

学校类别： 体育类

学校地址： 北京市海淀区信息路 48 号

办学层次： “211 工程”“双一流”

重点学科知多少

第二轮“双一流”建设学科

体育学

校训：追求卓越

名校有历史

1953 年 中央体育学院成立

1956 年 更名为北京体育学院

1993 年 更名为北京体育大学

李锐讲名校故事

承载汗水与荣耀的冠军之路

北京体育大学有一条“冠军之路”，地上印的全是世界冠军或者奥运冠军的脚印。这条路见证了无数北体大学子经过刻苦训练，在国内外各项体育赛事中勇攀高峰、摘取桂冠的成长历程。入口处的第一对脚印来自实现中国奥运金牌“零”的突破的射击运动员许海峰。漫步于此，与有荣焉。

音乐人才汇集地

中央音乐学院

中央音乐学院以对音乐艺术的执着追求，推动着中国音乐教育与艺术实践的发展，为中国乃至世界输送了大量优秀的音乐家和音乐教育工作者。

名校身份证

中央音乐学院 CENTRAL CONSERVATORY OF MUSIC

校名：中央音乐学院（简称：央音）

学校类别：艺术类

学校地址：北京市西城区鲍家街 43 号

办学层次：“211 工程” “双一流”

重点学科知多少

第二轮“双一流”建设学科

音乐与舞蹈学

校训：勤奋，求实，团结，进取

名校有历史

1940 年 重庆国立音乐院成立

1949 年 中央音乐学院成立

1958 年 中央音乐学院从天津迁至北京

报考小贴士

中央音乐学院并不是只招收专业科班出身的考生，文化课好且有一定音乐基础的高考生也可尝试报考。

美术殿堂，创意之源

中央美术学院

作为中国现代美术教育的发源地之一，中央美术学院不仅是美术学习与创作的殿堂，更是引领中国当代艺术发展方向的重要学府。

重点学科知多少

第二轮“双一流”建设学科

美术学 设计学

名校身份证

中央美術學院 Central Academy of Fine Arts

校名：中央美术学院（简称：央美）

学校类别：艺术类

学校地址：北京市朝阳区花家地南街 8 号

办学层次：“双一流”

校训：尽精微，致广大

名校有历史

1918 年 成立国立北京美术学校

1949 年 成立国立美术学院

1950 年 定名为中央美术学院

共和国外交官的摇篮

北京外国语大学

北京外国语大学是中国共产党创办的第一所外国语高等学校，多年来以培养外交、翻译、经贸、法律等领域的涉外高素质、高水平人才为己任。

重点学科知多少

第二轮“双一流”建设学科

外国语言文学

名校身份证

校名： 北京外国语大学（简称：北外）

学校类别： 语言类

学校地址： 北京市海淀区西三环北路 2 号

办学层次： “211 工程”“双一流”

校训：兼容并蓄，博学笃行

名校有历史

1941 年 成立中国人民抗日军事政治大学三分校俄文队

1954 年 更名为北京外国语学院

1959 年 与北京俄语学院合并

1994 年 正式更名为北京外国语大学

报考小贴士

在很多高校，非外语专业的学生仅能报名大学英语四、六级。而北外的所有本科生都有资格报名英语专业四、八级考试。

李锐讲名校故事

立足中国，对话世界——多样化的外语课程

北京外国语大学开设的外语课，已经高达 101 种语言。除了英语以外，日语、俄语、德语、法语在这里都不算是“小语种”了，你听过克里奥尔语、绍纳语、乌尔都语、爱沙尼亚语、拉脱维亚语吗？各种平日里闻所未闻的语种，已经成为部分北外人的日常。

世界各地语言与文化资源聚集地——北外图书馆

馆藏文献涵盖英、法、俄、德、西、日、阿等 107 个语种，文献总量 160 余万册。走进这里就好像来到联合国，各种语言此起彼伏，格外有趣。

共和国警官的摇篮

中国人民公安大学

中国人民公安大学是公安部直属普通高等学校。学校创建至今，为全国各地的政法机关输送了数十万骨干人才，可以说是公安系统大学的天花板。

名校身份证

校名：中国人民公安大学（简称：公安大学）
学校类别：政法类
学校地址：北京市西城区木樨地南里 1 号
办学层次：“双一流”

重点学科知多少

第二轮“双一流”建设学科

公安学

校训：忠诚，求实，勤奋，创新

名校有历史

1948 年	举办华北保卫干部训练班
1953 年	改组为中央人民公安学院
1984 年	改建成立中国人民公安大学
1998 年	与中国人民警官大学合并成新的中国人民公安大学

报考小贴士

中国人民公安大学的公安专业录取安排在本科提前批次进行，即使未被录取也不会影响在后续批次被其他高校录取。

李锐讲名校故事

挥洒汗水，磨炼意志

在中国人民公安大学，许多专业的重点除了课本知识，还有“实战”经验，比如擒拿格斗、武器枪械，更有专业的模拟街区和战训基地。学生们利用专业的知识，穿戴完整的特警装备，在模拟真实的场景中追击、埋伏，犹如电影中帅气的“飞虎队”一样。

河北，燕赵大地广袤无垠，太行巍峨，渤海壮阔，长城雄关，白洋淀秀美，展现深厚历史底蕴及现代活力。天津，渤海湾畔繁华港城，融汇东西方风韵，坐拥海河桥梁之美，联动时代脉搏。两地共谱协同发展新篇章。

河北 天津

“985 工程”
“211 工程”
“双一流”

南开大学
天津大学

“211 工程”
“双一流”

河北工业大学
天津医科大学

“双一流”

天津工业大学
天津中医药大学

与国家高等工程教育紧密相连的工科强校

河北工业大学

河北工业大学是隶属河北省的 211 院校，但主校区却坐落在天津市，其前身是北洋工艺学堂，创办过全国最早的高校校办工厂。

名校身份证

校名： 河北工业大学（简称：河北工大）
学校类别： 理工类
学校地址： 天津市北辰区西平道 5340 号
办学层次： “211 工程”“双一流”

重点学科知多少

第二轮“双一流”建设学科

电气工程

校训：勤慎公忠

名校有历史

1903 年 北洋工艺学堂创立
1929 年 改称河北省立工业学院
1995 年 更名为河北工业大学

报考小贴士

河北工业大学与国际知名大学共建特色学院，如河北工业大学亚利桑那工业学院。

李锐讲名校故事

钟声悠悠劝勤勉——钟楼

钟楼是河北工业大学的地标性建筑，每当钟声响起，便仿佛穿越时空，唤醒人们对往昔岁月的记忆，也提醒在校学子珍惜时光，勤奋学习。

汽车工程专家的拳拳报国心

在河北工业大学，有一位老人被师生永远铭记，他就是中国内燃机和汽车工程教育的奠基人——潘承孝。他留美归国后，曾在多所高校任教，在河北工学院担任院长时倡导理工结合，为培养我国早期的汽车及内燃机领域高级技术人才做出了不可磨灭的贡献。

周恩来总理的母校

南开大学

享有盛誉的南开大学曾与清华大学、北京大学组成被尊崇为“学府北辰”的西南联合大学，意思是学府里面的北斗星。

名校身份证

校名：南开大学（简称：南开）
学校类别：综合类
学校地址：天津市南开区卫津路94
办学层次：“985工程”“211工程”“双一流”

校训：允公允能，日新月异

名校有历史

1919年 严修、张伯苓创办南开大学
1938年 为在抗战期间继续办学，与北京大学、清华大学在昆明合组为国立西南联合大学
1946年 迁回天津并改为“国立”
1952年 成为文理并重的全国重点大学

重点学科知多少

第二轮“双一流”建设学科

数学 化学 统计学 世界史
材料科学与工程 应用经济学

报考小贴士

南开大学的经济学类专业在国内外都享有很高声誉，就业前景广阔。

不可不知的名校风景

迦陵学舍里的学术大家

“迦陵学舍”是南开大学为著名中国古典文学研究专家叶嘉莹先生专门修建的中式书院，集教学、科研、藏书于一体。叶嘉莹先生从教70余年，有40年是在南开大学度过的。

造型独特的湖泊——马蹄湖

南开大学的马蹄湖因水面俯瞰时像极了马蹄掌形而得名。湖边绿树成荫，花草繁茂，是学子们学习、休闲的好去处。

李锐讲名校故事

张伯苓的教育救国梦

1898年，张伯苓先生因在军舰见习期间目睹列强瓜分中国，深感国家危亡，因此立下教育救国的志向，并与严修先生共同创建了南开学校教育体系。

自强兴学的中国第一所现代化大学

天津大学

北洋前夜九州悲，大学开端救国危。天津大学的前身北洋大学堂始创于中日甲午海战后，培养了中国第一批大学本科生。

名校身份证

校名：天津大学（简称：天大）
学校类别：综合类
学校地址：天津市南开区卫津路 92 号
办学层次：“985 工程”“211 工程”“双一流”

校训：实事求是

名校有历史

- **1895 年** 创建北洋大学堂
- **1913 年** 改称国立北洋大学
- **1929 年** 更名为国立北洋工学院
- **1937 年** 与北平大学、北平师范大学和北平研究院合组国立西安临时大学
- **1938 年** 改称西北联合大学，后合组为西北工学院
- **1946 年** 复名北洋大学
- **1951 年** 北洋大学与河北工学院合并，定名为天津大学

重点学科知多少

第二轮“双一流”建设学科

材料科学与工程　化学工程与技术　化学
动力工程及工程热物理　管理科学与工程

报考小贴士

作为“建筑老八校”之一，建筑学是该校传统优势专业，实力强劲。

不可不知的名校风景

古朴典雅，历史厚重

——北洋纪念亭

北洋纪念亭立于天津大学北洋园校区的宣怀广场，方正刚健的外表显得敦厚古朴，承载着学校的深厚底蕴，如今是学生们学习、休息和回顾历史的好去处。

李锐讲名校故事

了不起的“天大行动”

天津大学作为全国新工科建设工作组的领军单位，率先启动“天大行动”，发布并持续完善新工科建设“天大方案”，同时还积极引领构建了“新工科教育国际联盟”与“全国新工科教育创新中心”。2022 年，天津大学荣获国家级教学成果奖特等奖 1 项，一等奖 3 项，获奖总数高居全国高校榜首，彰显了其在新工科建设领域的卓越贡献。

济世有方，德高医粹

天津医科大学

海河之畔，医术薪传。天津医科大学以医学科学为核心，以生命科学为依托，融教学、科研、医疗为一体，是国家医疗卫生事业培育的中流砥柱。

名校身份证

校名：天津医科大学（简称：天医）

学校类别：医药类

学校地址：天津市和平区气象台路 22 号

办学层次：“211 工程”“双一流”

重点学科知多少

第二轮“双一流”建设学科

临床医学

校训：求真，至善

名校有历史

1951 年 创建天津医学院

1994 年 与天津第二医学院合并组建天津医科大学

大片的金色麦田，摇曳的大豆、高粱……富饶的黑土地养育一方百姓，白山黑水之间，热气腾腾的文化蓬勃生长。这里是东北平原，有着极具现代感的冰雪大世界，也是硬核高校聚集地，承载着“共和国长子”的光荣与梦想。

黑龙江

“985 工程”
“211 工程”
“双一流”

哈尔滨工业大学

“211 工程”
“双一流”

哈尔滨工程大学
东北农业大学
东北林业大学

吉林

“985 工程”
“211 工程”
“双一流”

吉林大学

“211 工程”
“双一流”

延边大学
东北师范大学

辽宁

“985 工程”
“211 工程”
“双一流”

东北大学
大连理工大学

“211 工程”
“双一流”

辽宁大学
大连海事大学

兴海报国，将忠诚刻进基因

哈尔滨工程大学

世界第一艘海上长航试验成功的气垫船；中国第一艘实验型潜艇、第一个核学院……丹心铸剑七十载，哈尔滨工程大学用闪耀国际、国内的科研成就，书写其热血熔金、不惧大洋深远的报国之志。

重点学科知多少

第二轮“双一流”建设学科

船舶与海洋工程

名校身份证

校名： 哈尔滨工程大学（简称：哈工程）
学校类别： 理工类
学校地址： 黑龙江省哈尔滨市南岗区南通大街145号
办学层次： “211工程”“双一流”

校训：大工至善，大学至真

名校有历史

1953年 前身中国人民解放军军事工程学院（哈军工）创办
1970年 在哈军工原址以海军工程系为主体组建哈尔滨船舶工程学院
1994年 更名为哈尔滨工程大学

报考小贴士

南安普顿海洋工程联合学院、智慧海洋未来技术学院、国家特色化示范性软件学院是学校推进“新工科”建设人才培养改革创新的“示范区”。

李锐讲名校故事

刷新世界纪录的“水下蛟龙”缔造者

“蛟龙号”载人潜水器是我国首台自主设计的载人潜水器，曾在马里亚纳海沟下潜至7 062米深处。在蛟龙号的研发和海试过程中，哈尔滨工程大学承担了重要角色，如主任设计师和首席潜航员叶聪就毕业于哈尔滨工程大学。

国家交通运输科普基地——哈尔滨工程大学船舶博物馆

辽宁舰、十大名船……哈尔滨工程大学船舶博物馆展示了我国船舶科技的进步历程及哈尔滨工程大学对国家海洋强国战略做出的贡献，展厅内的珍贵模型和图文资料令人目不暇接。2022年，博物馆入选国家交通运输科普基地。

打造国之重器“地面空间站”的铁血强校

哈尔滨工业大学

在美丽的冰城哈尔滨，有这样一所学校，以强悍的工科实力成为“国防七子”之首，同时位列“建筑老八校”之一，百年来为祖国筑基，和祖国共同经历风雨，一起见证奇迹，它就是哈尔滨工业大学。

名校身份证

校名：哈尔滨工业大学（简称：哈工大）
学校类别：理工类
学校地址：黑龙江省哈尔滨市南岗区西大直街 92 号
办学层次：“985 工程”“211 工程”“双一流”

校训：规格严格，功夫到家

名校有历史

1920 年 创建哈尔滨中俄工业学校
1938 年 更名为哈尔滨工业大学
2000 年 与哈尔滨建筑大学合并组建新的哈尔滨工业大学

重点学科知多少

第二轮“双一流”建设学科

力学 材料科学与工程
机械工程 土木工程
控制科学与工程
计算机科学与技术
航空宇航科学与技术
环境科学与工程

不可不知的名校风景

哈工大冰雪文化节

哈工大冰雪文化节是一年一度的冬日盛典，除了巧夺天工的冰雕雪塑和如火如荼的各类冰雪运动赛事，冰雪科技展也是一大亮点，展现了哈工大在冰雪工程及低温科技等方面的领先成果，吸引数万师生和社会公众共襄盛举，感受冰雪文化的独特韵味与无尽魅力。

卧震苍穹、神舟揽月广场

卧震苍穹广场的主角是长征一号运载火箭实物，神舟揽月广场的主角是长征五号运载火箭 1∶5 模型，两枚火箭彰显了哈工大立足航天、服务国防、长于工程的办学初心。

李锐讲名校故事

壮志满怀、矢志报国的哈工大“八百壮士”

新中国成立初期，全国各地八百余名平均年龄不到 28 岁的年轻人响应国家号召，来到哈工大。他们不畏严寒、不惧艰苦，实现了多项“中国第一”的科研突破，“八百壮士”是一个群体的代名词，也是中国教育科研工作者赤胆忠心的写照。

报考小贴士

为培养行业领域的领军人才开设特色班级：小卫星班、智能机器人班、永坦班、善义班。每个班级都由院士担任班主任。

撑起中国乳品行业半壁江山的绝对实力拥有者

东北农业大学

东北农业大学坚持“以农科为优势，以生命科学和食品科学为特色，农、工、理、经、管等多学科协调发展”的理念，为国家输送“实用型”人才。

名校身份证

校名：东北农业大学（简称：东北农大）

学校类别：农林类

学校地址：黑龙江省哈尔滨市香坊区长江路 600 号

办学层次：“211 工程”“双一流”

校训：博学笃行，明德亲民

重点学科知多少

第二轮“双一流”建设学科

畜牧学

名校有历史

1948 年 东北农学院创立

1950 年 更名为哈尔滨农学院，后又恢复东北农学院

1994 年 与黑龙江省农业管理干部学院合并组建东北农业大学

李锐讲名校故事

克隆“大师兄”“二师兄”，东北农大学子有奇招！

在世界克隆哺乳动物的开创性研究中，多位卓越华人科学家取得了举世瞩目的成就。孟励博士是世界首例克隆猴的主要贡献者，赖良学博士是全球首例基因敲除猪的关键完成人，周琪博士领导了世界上首例克隆大鼠的成功实验，邹贤刚博士在转基因体细胞克隆山羊领域实现了重大突破……在世界哺乳动物克隆领域做出卓越贡献的华人中，东北农大学子约占 30%，形成了领域内的“东农现象”。

怀揣绿色梦想，以科学之力揭示自然智慧

东北林业大学

东北林业大学以卓越的动植物科学研究实力和深厚的生态学底蕴而闻名。当你走在校园里，与你擦肩而过的人可能是未来解决全球气候变化问题的大咖，而你的室友也许正在用显微镜探索树木的秘密世界。

名校身份证

校名： 东北林业大学（简称：东北林大）
学校类别： 农林类
学校地址： 黑龙江省哈尔滨市香坊区和兴路 26 号
办学层次： “211 工程” “双一流”

报考小贴士

东北林大拥有两座实验林场，凉水实验林场不仅有综合实验室，还有教师和学生公寓。

重点学科知多少

第二轮“双一流”建设学科

林业工程　林学

校训：学参天地，德合自然

名校有历史

1952 年	东北林学院
1968 年	迁校带岭，哈尔滨设留守处
1973 年	返回哈尔滨办公
1985 年	更名东北林业大学

李锐讲名校故事

鄂伦春族狍角帽的新家——中国（哈尔滨）森林博物馆

2024 年，在哈尔滨中央大街上，鄂伦春族男孩将象征民族文化的狍角帽赠送给唱着《鄂伦春小唱》的小女孩。小女孩希望这顶帽子能被更多人看见和了解，于是，这顶珍贵的狍角帽落户东北林业大学中国（哈尔滨）森林博物馆。

这座博物馆设有 7 个主题展区，珍藏各类展品 6 000 余件，包括亚洲象标本、硅化木与猛犸象化石等珍贵的藏品，俨然一部生态百科全书。

被戏称“美丽的长春坐落在吉林大学”

吉林大学

吉林大学是长春市不可或缺的学术与文化地标，现有 6 个校区 7 个校园，分布在长春市的不同方位。在长春，你要问吉林大学在哪里，可以说举目所及，皆有吉大的身影。

校训：求实创新，励志图强

名校有历史

1946 年 前身东北行政学院创立

1958 年 更名为吉林大学

2000 年 原吉林大学、吉林工业大学、白求恩医科大学、长春科技大学、长春邮电学院合并组建新的吉林大学

2004 年 原中国人民解放军军需大学并入

名校身份证

校名： 吉林大学（简称：吉大）

学校类别： 综合类

学校地址： 吉林省长春市前进大街 2699 号

办学层次： “985 工程”“211 工程”“双一流”

重点学科知多少

第二轮“双一流”建设学科

考古学 数学 物理学 化学

生物学 材料科学与工程

李锐讲名校故事

白山黑水，先生北上

在 20 世纪 50 年代，伴随着东北地区的发展热潮，李四光、朱光亚、唐敖庆等众多学术大师纷纷北上，投身于吉林大学及其前身多所院校的创建与发展中。他们犹如璀璨星辰照亮了白山黑水间的知识原野，奠定了吉林大学深厚的学术基础。

报考小贴士

“匡亚明班”是吉林大学人文社科特色班级，每学年实行“动态进出”，保研资格全员覆盖。

光耀东疆的边城学府

延边大学

长白山麓，图们江畔，延边大学依偎在这片雄奇壮美的大地，扎根于深厚的民族文化土壤，承载着历史的记忆，续写着中华民族多元一体教育事业的新篇章。

名校身份证

校名： 延边大学（简称：延大）
学校类别： 综合类
学校地址： 吉林省延吉市公园路 977 号
办学层次： “211 工程”“双一流”

重点学科知多少

第二轮“双一流”建设学科

外国语言文学

名校有历史

1949 年 延边大学创建
1959 年 延边工学院并入延边大学

校训：求真，至善，融合

根溯延安，听党话、跟党走的实力派

东北师范大学

东北师范大学原名东北大学，后来响应国家基础教育发展的迫切需求，更名为东北师范大学。

名校身份证

校名： 东北师范大学（简称：东北师大）
学校类别： 师范类
学校地址： 吉林省长春市南关区人民大街 5268 号
办学层次： “211 工程”“双一流”

重点学科知多少

第二轮“双一流”建设学科

马克思主义理论 教育学
世界史 化学 统计学
材料科学与工程

校训：勤奋创新，为人师表

名校有历史

1946 年 始建东北大学
1948 年 与吉林大学合校，仍称东北大学
1950 年 更名为东北师范大学
1958 年 更名为吉林师范大学
1980 年 复名东北师范大学

李锐讲名校故事

是前世今生，更是红色记忆

1945 年 10 月 25 日，毛泽东主席接见了延安大学校院主要领导干部，并高瞻远瞩地指示延安大学向东北地区迁移，创办一所全新的“东北大学”。时光荏苒，岁月如歌。今天的东北师范大学作为我国师范教育的重要基地，桃李芬芳，硕果累累，是最受师范生欢迎的院校之一。

民国最“富”大学，也曾流亡十五年

东北大学

“白山兮高高，黑水兮滔滔”，由刘半农作词的东北大学校歌唱出了它与东北血脉相依的过往。1923 年，为对抗日本对东北的殖民和文化侵略，东北大学宣告成立。

名校身份证

校名：东北大学（简称：东大）
学校类别：理工类
学校地址：辽宁省沈阳市和平区文化路三号巷 11 号
办学层次：“985 工程”“211 工程”“双一流”

重点学科知多少

第二轮“双一流”建设学科

冶金工程 控制科学与工程

校训：自强不息，知行合一

名校有历史

1923 年 东北大学正式成立
1931 年 九一八事变爆发，被迫流亡办学
1950 年 定名为东北工学院
1993 年 复名为东北大学

中国共产党创建的第一所专门商科高校

辽宁大学

辽宁大学诞生于新中国曙光初照之际，七十余载春秋，辽大以综合性大学之姿，融合文理工管诸学科，为地区乃至国家的经济文化建设贡献力量。

名校身份证

校名：辽宁大学（简称：辽大）
学校类别：综合类
学校地址：辽宁省沈阳市皇姑区崇山中路 66 号
办学层次：“211 工程”“双一流”

重点学科知多少

第二轮“双一流”建设学科

应用经济学

校训：明德精学，笃行致强

名校有历史

1948 年 前身东北行政委员会商业部商业专门学校创立
1958 年 东北财经学院、沈阳师范学院的部分科系与沈阳俄文专科学校合并组建辽宁大学

承典塑新，低调但有实力

大连理工大学

大连理工大学依山傍海，以优越的自然环境、严谨的学术氛围、卓越的科研实力而著称，是我国四大工学院之一，荣获“辽宁最美校园”的称号。

名校身份证

校名： 大连理工大学（简称：大工）

学校类别： 理工类

学校地址： 辽宁省大连市甘井子区凌工路 2 号

办学层次： “985 工程” “211 工程” “双一流”

重点学科知多少

第二轮“双一流”建设学科

力学 机械工程

化学工程与技术

校训：团结，进取，求实，创新

李锐讲名校故事

辽宁第一颗卫星的制造者

辽宁省第一颗卫星——大连 1 号—连理卫星由大连理工大学牵头设计研制。这颗卫星已于 2023 年 5 月 10 日搭乘天舟六号货运飞船进入太空。

名校有历史

1949 年 大连大学工学院创建

1950 年 独立为大连工学院

1988 年 更名为大连理工大学

因海而生、向海而行的“航海家摇篮”

大连海事大学

这里既是航海教育殿堂，又是充满活力的青春舞台。学子们在这里掌握驾驶巨轮的“黑科技”，积累驰骋大洋的实战经验。这里是梦开始的地方，也是纵横四海去远方的起航点。

名校身份证

校名： 大连海事大学（简称：海大）

学校类别： 理工类

学校地址： 辽宁省大连市凌海路 1 号

办学层次： “211 工程” “双一流”

重点学科知多少

第二轮“双一流”建设学科

交通运输工程

名校有历史

1909 年 邮传部上海高等实业学堂船政科设立

1994 年 更名为大连海事大学

校训：学汇百川，德济四海

孔孟之乡、三晋大地、汴梁盛景，山东、山西、河南是中国古代文明的发源地，名家辈出、名城云集。今天，三地的现代高等教育同样异彩纷呈。

山西

“211 工程”/“双一流”

太原理工大学

“双一流”

山西大学

山东

“985 工程”
“211 工程”
“双一流”

中国海洋大学
山东大学

“211 工程”
“双一流”

中国石油大学（华东）

河南

“211 工程”/“双一流”

郑州大学

“双一流”

河南大学

南北极科考爱好者的梦想起航地

中国海洋大学

中国海洋大学尽管以“海洋”来命名，但实际上是一所标准的综合性研究型大学，同时海洋和水产学科的优势特色显著，肩负着造就国家海洋事业领军人才和骨干力量的特殊使命。

名校身份证

校名：中国海洋大学（简称：中国海大）

学校类别：综合类

学校地址：山东省青岛市崂山区松岭路 238 号

办学层次：“985 工程”“211 工程”“双一流”

重点学科知多少

第二轮“双一流”建设学科

海洋科学 水产

李锐讲名校故事

深藏功与名的科研装备大户

中国海洋大学拥有 5 000 吨级新型深远海综合科学考察实习船“东方红 3”、3 000 吨级海洋综合科学考察实习船“东方红 2”、300 吨级的“天使 1”科学考察交通补给船等科研装备，具备一流的海上现场观测能力。

报考小贴士

中国海洋大学自主招生为获全国中学生数学、物理、化学、生物、信息学奥林匹克竞赛全国决赛奖励的中学生提供特殊通道。

校训：海纳百川，取则行远

名校有历史

1924 年	创办私立青岛大学
1929 年	成立国立青岛大学
1932 年	更名为国立山东大学
1951 年	与华东大学合并，定名为山东大学
1959 年	发展成为山东海洋学院
1988 年	更名为青岛海洋大学
2002 年	更名为中国海洋大学

中国近代高等教育起源性大学

山东大学

芳华山大，家国天下。这里知识的繁花盛开，智慧的果实累累，从古朴典雅的洪家楼校区到现代化的中心校区，从波光粼粼的趵突泉畔到书香四溢的图书馆内，处处洋溢着浓郁的学习氛围。胸怀壮志、锐意进取的山大学子是这所学校的最佳名片。

名校身份证

校名： 山东大学（简称：山大）

学校类别： 综合类

学校地址： 山东省济南市山大南路 27 号

办学层次： “985 工程” “211 工程” “双一流”

校训：学无止境，气有浩然

名校有历史

1901 年 山东大学堂创立

1926 年—1951 年 历经国立青岛大学、国立山东大学、山东大学等几个历史发展时期

2000 年 由原山东大学、原山东医科大学、原山东工业大学三校合并组建新的山东大学

重点学科知多少

第二轮“双一流”建设学科

中国语言文学 数学 临床医学 化学

报考小贴士

学校设有泰山学堂、尼山学堂、齐鲁医学堂、崇新学堂，培养基础理科、人文学科、医学学科、工学学科的拔尖创新人才。

不可不知的名校风景

精神地标与学术殿堂——明德楼

明德楼是山东大学的一座地标性建筑，“明德”取意于《大学》，为学校增添了时代精神和文化底蕴，彰显了山东大学对道德和学术追求的重视。

李锐讲名校故事

闻一多曾传道授业解惑的地方

1930 年 8 月，闻一多应邀来到山东大学，任文学院院长兼国文系主任。在山大工作期间，他培养了许多优秀学子，其中包括著名的“闻门二家”，即学者陈梦家和诗人臧克家，还创作了他一生中为数不多的写景散文之一《青岛》，用简洁质朴的语言描绘出青岛春、夏、秋三季的美景。

石油科技、管理人才的摇篮

中国石油大学（华东）

中国石油大学（华东）肩负探索地下宝藏、固我国之血脉的崇高使命，在石油科技、新能源开发、石油化工等领域深耕细作，教育教学与科研创新并重，为中国经济巨轮注入不竭动力。

名校身份证

校名： 中国石油大学（华东）
（简称：中石大）

学校类别： 理工类

学校地址： 山东省青岛市黄岛区长江西路 66 号

办学层次： “211 工程”“双一流”

重点学科知多少

第二轮“双一流”建设学科

石油与天然气工程

地质资源与地质工程

校训：惟真惟实

名校有历史

1953 年 成立北京石油学院

1969 年 学校整体迁至现山东省东营市

1970 年 更名为华东石油学院

1988 年 更名为石油大学，并在华东石油学院北京研究生部的基础上建立石油大学（北京）

2000 年 明确石油大学（华东）与石油大学（北京）两地独立办学

2005 年 更名为中国石油大学（华东）

将“螺丝钉”精神发挥到极致的高校

太原理工大学

太原理工大学犹如一棵历经百年风雨的古树，扎根于深厚的学术土壤，在理学、工学、经济学、法学等 9 个门类开枝散叶，蓬勃发展。

名校身份证

校名：太原理工大学（简称：太原理工）

学校类别：理工类

学校地址：山西省太原市万柏林区迎泽西大街 79 号

办学层次：“211 工程”“双一流”

校训：求实，创新

重点学科知多少

第二轮“双一流”建设学科

化学工程与技术

名校有历史

1902 年 创办山西大学堂西学专斋

1953 年 学校独立建校，定名太原工学院

1984 年 更名为太原工业大学

1997 年 与山西矿业学院合并，组建太原理工大学

李锐讲名校故事

发扬雷锋精神 30 多年的“螺丝钉之家”

“螺丝钉之家”青年志愿者服务队已有 30 多年的志愿服务历史，是“全国学雷锋活动示范点”。义务维修志愿活动、“三下乡”暑期社会实践……他们走向校园、社区、农村，是太原理工大学精神文明建设的亮丽风景线。

报考小贴士

太原理工大学是山西省唯一的一所“211 工程”大学。

与时俱进的中原学府

郑州大学

博大精深的中原文化赋予郑州大学独特而厚重的气质，这里是中国中部地区高层次人才培养的重要基地，秉承开放精神，书写学府新章。

名校身份证

校名： 郑州大学（简称：郑大）
学校类别： 综合类
学校地址： 河南省郑州市科学大道 100 号
办学层次： “211 工程”“双一流”

报考小贴士

所有专业录取不限制外语语种，入学后学校根据考生高考外语语种，以英语、日语、德语、俄语为第一外语安排教学。

校训：求是，担当

名校有历史

1956 年 郑州大学创建
1991 年 黄河大学并入
2000 年 郑州大学、郑州工业大学、河南医科大学三校合并，成立新的郑州大学

重点学科知多少

第二轮“双一流”建设学科

化学 材料科学与工程 临床医学

李锐讲名校故事

校园布局的对称美学王者

如果你拿到一张郑州大学的新校区地图，一定会惊异地发现其建筑布局高度对称。这个设计巧思来自中国工程院院士何镜堂，他也是 2010 年上海世博会中国馆设计工作的总设计师。

打造有“中原之光”之称的科技重器

河南省首个重大科技基础设施——超短超强激光实验装置项目，由郑州大学作为主要单位，负责其建设和管理。超短超强激光被认为是人类已知的最亮光源，这项研究能推动一系列的学科发展和技术变革，造福人类的未来。

陕西是华夏文明的缩影，黄土高原的粗犷，关中平原的丰饶，秦巴山区的峻秀……辽阔的三秦大地不仅拥有丰富多样的地理景观、深厚悠久的历史文化，也滋养着众多知名学府。

越过关中的界线，西部的辽阔之美更加多元。甘肃，丝路古道，自然奇观；宁夏，沙漠绿洲，塞上江南；青海，青海湖与茶卡盐湖共筑高原奇景；新疆，瓜果香气飘来异域风情；西藏，世界屋脊，雪域信仰圣地；内蒙古，无垠草原，游牧文化悠扬。这些地区各具特色，共同绘就西部的辉煌篇章。

陕西

“985 工程”
“211 工程”
“双一流”

西安交通大学
西北工业大学
西北农林科技大学

“211 工程”
“双一流”

陕西师范大学
西安电子科技大学
西北大学
长安大学
空军军医大学

甘肃 宁夏 青海
新疆 西藏 内蒙古

"985 工程"
"211 工程"
"双一流"

兰州大学

"211 工程"
"双一流"

宁夏大学
青海大学
新疆大学
石河子大学
西藏大学
内蒙古大学

怀赤子之心踏歌西行，凭艰苦奋斗铸就卓越

西安交通大学

西北有高楼，上与浮云齐。西安交通大学是西北地区的学术高地。1956 年，交通大学由上海迁往西安，轰轰烈烈的西迁奋斗史自此开始。我国第一辆自制汽车、第一台大型通用电子计算机……西安交大人以青春书写华章，用智慧点亮希望。

名校身份证

校名： 西安交通大学（简称：西安交大）

学校类别： 综合类

学校地址： 陕西省西安市咸宁西路 28 号

办学层次： “985 工程”“211 工程”“双一流”

你知道吗？

“饮水思源”碑是交通大学的标志性建筑。西安、北京、上海等五地的交通大学校园内都设有“饮水思源”碑。

校训：精勤求学，敦笃励志，果毅力行，忠恕任事

重点学科知多少

第二轮“双一流”建设学科

机械工程 材料科学与工程
控制科学与工程 力学 工商管理
动力工程及工程热物理 电气工程
管理科学与工程

不可不知的名校风景

交大西迁博物馆——向西！向西！一切为了国家需要

从南洋公学到扎根西北，交大西迁博物馆内 2 000 余件展品见证了西安交大人波澜壮阔的西迁故事和筚路蓝缕的创业历程。如今，这里已经成为重要的爱国主义教育基地。

西北有嘉木，傲立天地间

彭康路上的梧桐树，是师生西迁时自南方移植而来的，当年的小树苗如今已成参天嘉木，那些响应国家“向科学进军，建设大西北”号召来此的前辈们，或已长眠，或至暮年，但他们的精神如同这些梧桐树般历经岁月，愈益葱茏。

李锐讲名校故事

百舸争流的“灞河竞渡”

自 2014 年开始，西安交通大学每年都会举办“灞河竞渡”赛艇挑战赛，吸引众多国内外高校的青年同台竞技。这项赛事曾被亚洲赛艇联合会誉为“中国民间赛艇赛事之最”。

报考小贴士

开办钱学森班，在工科通识教育和交叉专业教育中，以先理后工、工文结合的模式，对优秀学生进行本研贯通式培养。

名校有历史

1896 年	南洋公学创建
1921 年	定名为交通大学
1956 年	师生迁赴西安
1957 年	分设交通大学西安部分
1959 年	定名为西安交通大学
2000 年	原西安交通大学、西安医科大学、陕西财经学院三校合并为新的西安交通大学

“三航”并进的国防科技多面手

西北工业大学

作为“国防七子”之一，航空、航天、航海，在国防科技的任何领域，西北工业大学都不缺席。“航天三少帅”中的雷凡培、张庆伟，我国歼-20总设计师杨伟，运-20总设计师唐长红都毕业于西北工业大学。

名校身份证

校名： 西北工业大学（简称：西工大）

学校类别： 理工类

学校地址： 陕西省西安市长安区东祥路1号

办学层次： “985工程”“211工程”“双一流”

重点学科知多少

第二轮“双一流”建设学科

机械工程　材料科学与工程

航空宇航科学与技术

报考小贴士

创设“蓝天翱翔”等400余门国防特色课程，与百余家国防军工院所共建人才培养基地，组织学生参与重大科研项目，培养国防领域“总师型”人才。

校训：公诚勇毅

名校有历史

1938年　国立北洋工学院、国立北平大学工学院、国立东北大学工学院、私立焦作工学院组建国立西北工学院

1950年　更名为西北工学院

1957年　西北工学院和西安航空学院合并成立西北工业大学

1970年　哈尔滨工程学院航空工程系整体并入

你知道吗？

西北工业大学建有我国高校唯一的无人机专业化飞行试验测试基地。

不可不知的名校风景

深藏功与名的国之铸剑者

西北工业大学校园内“为国铸剑”的雕塑形象诠释了西工大人淡泊名利、坚守使命的精神，以及无怨无悔地铸造守护国家安全之剑的无言深情。

亚洲最大的水上图书馆

坐落在西北工业大学长安校区内的水上图书馆，号称亚洲最大的水上图书馆，其建筑主体三面环水，每当夕阳斜照，余晖洒满湖面时，图书馆与启真湖交相辉映，为校园更添几许诗意与浪漫。

李锐讲名校故事

无人机技术领域的佼佼者

作为我国飞行器设计与制造的领军学府，西工大在无人机技术研发赛道上成就斐然，将太阳能等自然能源转化为电能的光动无人机，将人工智能 AI 应用在无人机上……西工大凭一己之力打破了美国在无人机技术领域的领先局势。

脚沾泥土、手撷芬芳的强农者联盟

西北农林科技大学

西北农林科技大学由原西北农业大学、西北林学院等7所科教单位强强联合组建而成，是全国农林水学科最为齐备的高等农业院校。

名校身份证

校名： 西北农林科技大学（简称：西农）
学校类别： 农林类
学校地址： 陕西省杨凌示范区西农路22号
办学层次： “985工程”“211工程”“双一流”

报考小贴士

拥有亚洲最大的，也是最先设立的葡萄酒学院，目前国内葡萄酒产业的相关技术人员，大多来自西北农林科技大学。

李锐讲名校故事

校园里的4A级景点——西北农林科技大学博览园

西北农林科技大学博览园是目前国内最大的农业主题博物馆组群，包括昆虫博物馆、中国葡萄酒博物馆等7个专业博物馆和蝴蝶园、中草药园、五谷园及多种植物种质资源圃等，是全国科普教育基地，也是国家4A级旅游景区。

种植物、养动物，解锁大学的另类生活方式

西农学子的生活与大地紧密相连。他们有的面朝黄土背朝天，躬耕农桑；有的追逐鸡鸭、观察昆虫。对他们来说，动植物不仅是餐桌上的佳肴，更是需要悉心照料、深入研究的实验对象。

重点学科知多少

第二轮“双一流”建设学科

植物保护　畜牧学

校训：诚朴勇毅

名校有历史

1934年 国立西北农林专科学校创建
1938年 国立西北农学院成立
1985年 更名为西北农业大学
1999年 原西北农业大学等7所科教单位合并组建为西北农林科技大学

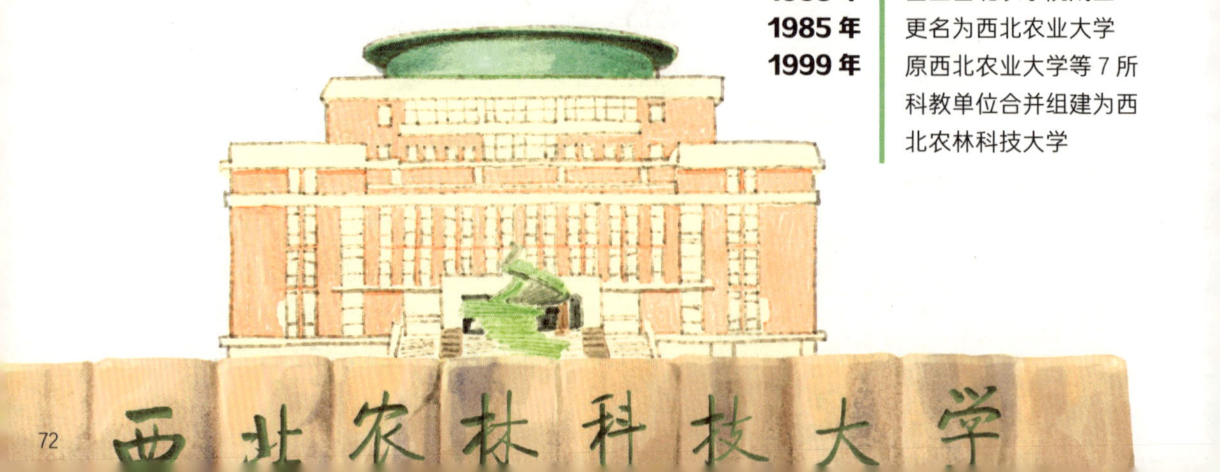

毛笔手写录取通知书的最有仪式感高校

陕西师范大学

终南郁郁，雁塔巍巍。用毛笔书写录取通知书的传统是陕西师范大学重要的文化名片，也是极具感染力的新生“入学第一课”，教师们一笔一画的手书，使每一份通知书都注满了庄重而温馨的仪式感。

名校身份证

校名： 陕西师范大学（简称：陕师大）

学校类别： 师范类

学校地址： 陕西省西安市长安区西长安街 620 号

办学层次： “211 工程” “双一流”

校训：厚德，积学，励志，敦行

重点学科知多少

第二轮“双一流”建设学科

中国语言文学

李锐讲名校故事

“西部红烛”耀西北

“西部红烛精神”是陕西师范大学特有的精神气质和文化标识，以“扎根西部、甘于奉献、追求卓越、教育报国”为核心内涵。曾经的西部教育缺失、思想闭塞，需要拥有一所专门的师范类大学，为西部的基础教育播种。于是，陕师大担此大任。从西部走出的人才，终将照耀西部的未来。

名校有历史

1944 年	陕西省立师范专科学校成立
1954 年	更名为西安师范学院
1960 年	与陕西师范学院合并，定名为陕西师范大学
1978 年	划归教育部直属

报考小贴士

面向农村和脱贫地区实施“红烛计划”，招生专业（类）为公费师范专业及包含普通师范方向的专业大类。

可堪大任的信息尖兵

西安电子科技大学

西安电子科技大学开辟了我国电子与信息学科的先河，在通信、雷达、人工智能等领域的成果被应用于北斗、天眼、天问等国家重大工程。西电学子日常可能是在莫尔斯电码的世界里乘风破浪，也可能是在集成电路的迷宫里畅游，又或者是在忙着设计路由器。

名校身份证

校名： 西安电子科技大学（简称：西电）
学校类别： 理工类
学校地址： 陕西省西安市西沣路兴隆段 266 号
办学层次： “211 工程”“双一流”

报考小贴士

电子信息工程（中外合作办学项目）学生在校学习期间，1/3 以上的专业核心课程由法国教师讲授，实施法语授课。

校训：厚德，求真，砺学，笃行

重点学科知多少

第二轮“双一流”建设学科

信息与通信工程
计算机科学与技术

李锐讲名校故事

生于中央苏区的传奇高校

西安电子科技大学是中国共产党创办的第一所工程技术学校，创造了诸多“零的突破”。我国第一台气象雷达、第一套流星余迹通信系统、第一炉单晶锗皆出自西电人之手。迄今为止，西电在人才培养方面已经形成“西电现象”：“雷达裁判长”保铮院士、“天宫一号”总设计师杨宏、首次火星探测任务工程总设计师张荣桥等都是西电学子。

名校有历史

1931 年	中央革命军事委员会无线电学校于江西瑞金组建
1948 年	合并组建华北军区电讯工程专科学校
1958 年	迁至陕西西安
1960 年	更名为中国人民解放军军事电信工程学院
1966 年	转为地方建制，更名为西北电讯工程学院
1988 年	更名为西安电子科技大学

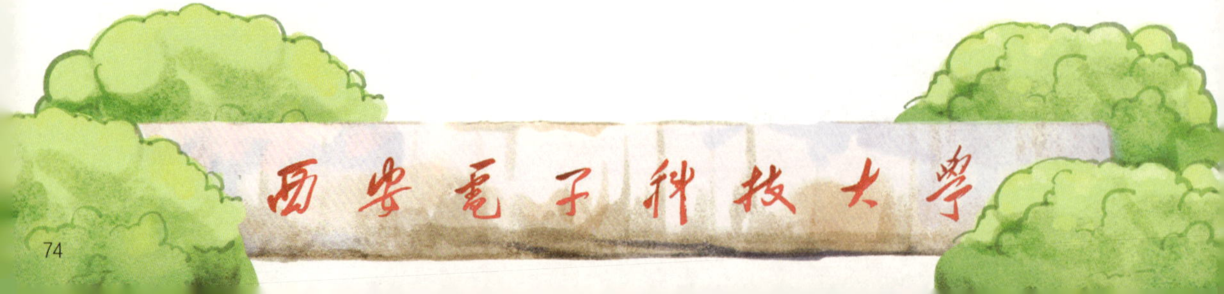

曾“蜗居”秦巴山区的另一个“联大”

西北大学

春秋代序，岁月流转。中国西北地区历史最悠久的高等学府——西北大学的前身是西北联大。在战火纷飞的岁月中，西北联大与西南联大共同守护了中国高等教育的火种。

名校身份证

校名： 西北大学（简称：西大）

学校类别： 综合类

学校地址： 陕西省西安市太白北路 229 号

办学层次： “211 工程”“双一流”

校训：公诚勤朴

重点学科知多少

第二轮“双一流”建设学科

考古学　地质学

李锐讲名校故事

凭实力出圈的“作家摇篮”

贾平凹、迟子建、雷抒雁……一大批实力不凡的作家都是西北大学校友，凭借深厚的艺术造诣斩获“茅盾文学奖”“鲁迅文学奖”等重磅奖项。因为人数众多，他们组成“西北大学作家群”，活跃于当代文坛。

名校有历史

1902 年　设立陕西大学堂和京师大学堂速成科仕学馆

1912 年　始称西北大学

1937 年　与国立北平大学、国立北平师范大学等组建为国立西安临时大学

1950 年　复名西北大学

报考小贴士

生物技术专业是西北大学的明星专业之一。学校与国内基因领域领军企业华大基因联合成立西北大学华大学院，双方合作制订培养方案、教学计划、课程讲授、学生管理工作，学生可前往华大基因进行专业学习。

秦岭脚下的交通科研要地

长安大学

长安大学在公路交通领域久负盛名，坐拥南北两大校区，南倚大雁塔，北邻渭水滨。长大人深度参与港珠澳大桥工程建设，有“一座港珠澳，半壁长大人”的美誉；北京大兴国际机场的总工程师也是长大学子……长安大学以一流的成果，彰显非凡的实力。

名校身份证

校名：长安大学（简称：长大）
学校类别：理工类
学校地址：陕西省西安市未央区尚苑路
办学层次：“211 工程”“双一流”

校训：弘毅明德，笃学创新

重点学科知多少

第二轮“双一流”建设学科

交通运输工程

名校有历史

1951 年 西北交通学校创办
1958 年 西安公路学院创办
1995 年 西安公路学院升格为西安公路交通大学
2000 年 西安公路交通大学、西安工程学院和西北建筑工程学院合并组建为长安大学

李锐讲名校故事

全国高校唯一的汽车综合试验场

长安大学汽车试验场是全国高校中独一无二的汽车综合试验场，占地约 28 万平方米，包括 5 种可靠性强化典型试验道路等。这里不仅能让车辆在极限条件下狂飙，也是未来的汽车设计师和机械达人的修炼宝地，为中国汽车产业的发展默默贡献“车轮上的智慧”。

报考小贴士

未来交通学院设立工科试验班，施行“4-6-X”本硕博贯通式培养：本科培养阶段 4 年、本科硕士培养阶段 6 年、本硕博培养阶段 X，一般 8 年。

医武并举的空天卫勤尖兵

空军军医大学

投身国防事业，矢志强军建设。空军军医大学又名第四军医大学，在这里，学子们不仅能接受严格又全面的医学教育，更能将个人理想与国家使命相结合。

名校身份证

校名： 空军军医大学（简称：四医大）
学校类别： 军事类
学校地址： 陕西省西安市长乐西路 169 号
办学层次： “211 工程” “双一流”

校训：团结，求实，创新，献身

名校有历史

1941 年 八路军晋西北军区卫生学校创建
1948 年 进驻西安
1952 年 更名为中国人民解放军第四军医大学
2015 年 转隶中央军委训练管理部
2017 年 划归空军建制领导管理，空军军医大学正式组建

重点学科知多少

第二轮“双一流”建设学科

临床医学

报考小贴士

全军“2110 工程”重点建设院校、“卓越医生教育培养计划”试点高校，为军队培养高、中层次医学专门人才。

李锐讲名校故事

精研医术，用强悍的实力创造奇迹

学校在医学领域精益求精，成绩斐然。世界首例“十指离断再植术”，世界首例“坑面女颌面再造术”……重大的医学突破案例是四医大人履行救死扶伤的社会责任和医学誓言的最佳佐证。

闷声干大事的最“孤独”985 高校

兰州大学

兰州大学地处西北，是我国人口密度对比线“黑河—腾冲”线以西的唯一一所985高校，前身为始建于清朝末年的甘肃法政学堂。

名校身份证

校名：兰州大学（简称：兰大）
学校类别：综合类
学校地址：甘肃省兰州市天水南路 222 号
办学层次：“985 工程”“211 工程”“双一流”

校训：自强不息，独树一帜

名校有历史

1909 年	始为甘肃法政学堂
1928 年	扩建为兰州中山大学
1946 年	更名为国立兰州大学
2002 年	甘肃省草原生态研究所并入
2004 年	兰州医学院回归

重点学科知多少

第二轮“双一流”建设学科

化学 大气科学 生态学 草学

报考小贴士

兰州医学院于 2004 年回归兰州大学，增强了兰州大学医学相关领域的研究实力和学科完整性。

不可不知的名校风景

清代科举考试考场——观成堂

观成堂位于兰州大学第二医院院内，是清朝时期甘肃贡院的主要建筑之一，始建于 1875 年，由当时的陕甘总督左宗棠奏请设立并主持修建。观成堂作为清代科举考试的重要场所，承载着中国西北地区的历史记忆和文化底蕴。

李锐讲名校故事

坚守西部，这所高校很硬核！

虽然兰州大学地处西北，却创造了享誉国内外的“兰大现象”：化学“一门八院士”、地学“师生三代勇闯地球三极”、中科院“兰大军团”……强悍的学术实力是兰大的核心竞争力。

与大禹治水传说有关的图书馆——积石堂

积石堂图书馆始建于 1909 年，名称来源于甘肃省境内的积石山，当地有着大禹治水“导河始于积石”的传说，象征着中华文明的起源。图书馆以此为名，既寓含了对中华文化的敬仰和传承，又寓意着兰大学子在其中如积石成山般积累知识、磨砺品行、勇攀学术高峰的志向。

贺兰山下、黄河之滨的学术明珠

宁夏大学

天下黄河富宁夏，润泽沃土育丰年。宁夏大学坐落于西北湖城——银川市，为推动宁夏乃至整个西部地区的经济社会发展提供智力支持和技术支撑。

名校身份证

校名： 宁夏大学（简称：宁大）
学校类别： 综合类
学校地址： 宁夏回族自治区银川市西夏区贺兰山西路 489 号
办学层次： “211 工程”“双一流”

报考小贴士

宁夏大学民族预科教育学院是教育部确定的全国高校民族预科教育培养基地之一。

校训：尚德，勤学，求是，创新

重点学科知多少

第二轮“双一流”建设学科

化学工程与技术

名校有历史

1958 年 始建宁夏大学
1997 年 与原宁夏工学院、银川师专（含宁夏教育学院）合并
2002 年 与宁夏农学院合并，组建了新的宁夏大学

李锐讲名校故事

以“沙枣树精神”谱写教育强国之歌

宁夏大学贺兰山校区矗立着一座“沙枣树精神”雕塑，蕴示宁大学子传承和发扬“不怕困难，不畏风寒；根深叶茂，本固枝荣”的“沙枣树精神”。“沙枣树精神”是一代又一代宁大人扎根西部、埋头苦干的精神凝练，支撑和见证了宁大在不同历史时期的建设与发展，也必将成为学校未来发展最宝贵的精神资源。

世界屋脊上的知识聚宝盆

青海大学

青海大学坐落于高原古城西宁，深受高原文化的影响，在藏医药学、高原生态保护等领域取得了突出成果。

名校身份证

校名：青海大学（简称：青大）
学校类别：综合类
学校地址：青海省西宁市宁大路 251 号
办学层次：“211 工程”“双一流”

报考小贴士

针对藏医学和藏药学专业，青海大学一般只招收民族语言（藏语）考生。

校训：志比昆仑，学竞江河

重点学科知多少

第二轮“双一流”建设学科

生态学

名校有历史

1958 年 青海工学院创办
1960 年 与青海农牧学院、青海医学院、青海财经学院合并为青海大学
2004 年 青海医学院并入，组建成新的青海大学

李锐讲名校故事

中国第一个野外高原医学现场研究基地

青海大学高原医学研究中心成立于 2001 年，是青藏高原第一个集教学、科研、医疗为一体的高原医学研究机构，在可可西里建立了中国第一个海拔 4600 米的野外高原医学现场研究基地，真正将国家需求和科学发展前沿相结合，突出青藏高原的“高原、民族、地域”等特色，取得了重大的科研成果。

新疆地区办学规模最大、历史最悠久的高等学府

新疆大学

新疆大学扎根边疆，呈现出多民族交往、交流、交融的多元一体的文化格局，致力于办好教育、培养卓越人才，为新疆的社会稳定和长治久安做出贡献。

名校身份证

校名： 新疆大学（简称：新大）

学校类别： 综合类

学校地址： 新疆维吾尔自治区乌鲁木齐市天山区胜利路 666 号

办学层次： “211 工程” “双一流”

重点学科知多少

第二轮“双一流”建设学科

马克思主义理论 化学

计算机科学与技术

校训：团结，紧张，质朴，活泼

名校有历史

1924 年 新疆俄文法政专门学校创立

1935 年 改建为新疆学院

1960 年 新疆大学正式成立

2000 年 与原新疆工学院合并组建新的新疆大学

报考小贴士

新疆大学与西安交通大学在机械工程、电气工程及其自动化专业面对本科生制订联合培养计划。

李锐讲名校故事

在中国共产党的领导下传播新文化——茅盾先生的新大往事

茅盾原名沈德鸿，字雁冰，是中国共产党最早的一批党员之一，曾在新疆学院（新大前身）任教育系主任。他亲自编写教材，开设“文艺思潮”“中国通史”“国防教育”等课程，慕名前去的旁听者常将教室围得水泄不通。为了纪念他，新大校园中的一条路被命名为“雁冰路”。

传承“抗大第二”的红色基因——林基路艺术剧社

1938 年，林基路将延安抗日军政大学的精神带入新疆学院，用抗战题材的话剧宣传抗日救国的精神，学校被誉为“抗大第二”。林基路艺术剧社传承林基路思想，将红色文化以话剧的形式传播出去，剧社的原创革命历史剧《共产党人在新疆 1936—1945》受到教育部的高度认可。

教育戍边、科技强边、文化固边的重要力量

石河子大学

石河子大学的学科门类齐全，师资力量雄厚，科研实力不容小觑，为培养高素质人才和推动区域经济社会发展做出了积极贡献。不仅在新疆地区具有重要地位，更是国内知名的综合性大学之一。

名校身份证

校名： 石河子大学（简称：石大）

学校类别： 综合类

学校地址： 新疆维吾尔自治区石河子市北四路

办学层次： “211 工程”“双一流”

重点学科知多少

第二轮“双一流”建设学科

化学工程与技术

报考小贴士

视觉传达设计和环境设计专业按设计学专业大类进行录取。

校训：明德正行，博学多能

名校有历史

1949 年 创办中国人民解放军第一兵团卫生学校

1978 年 发展为石河子医学院

1996 年 与石河子农学院、兵团经济专科学校和兵团师范专科学校合并组建石河子大学

李锐讲名校故事

“赛似小上海”的戈壁明珠

曾经荒草丛生、沙石遍地的戈壁，经过几代兵团人植树造林、修建水利的不懈努力，如今已成为风景迷人的城市。位于天山脚下的石河子大学，校园绿化面积超过 40%，书香湖、未名山遥相呼应，环境极美，在校园里面随时随地都能呼吸到清新空气。

中国海拔最高的大学

西藏大学

坐落在雪域高原的西藏大学是一所极具高原边疆民族区域特色的综合性大学，以高原学科研究为优势，融合民族教育精华，为西藏的繁荣稳定贡献智慧和力量。

名校身份证

校名： 西藏大学（简称：藏大）
学校类别： 综合类
学校地址： 西藏自治区拉萨市藏大东路 10 号
办学层次： “211 工程”“双一流”

报考小贴士

西藏大学理学院、生态环境学院与武汉大学相关院系实行联合培养本科生计划，优秀本科生有机会在两所学校进行学习和研究。

校训：团结，勤奋，求实，创新

名校有历史

1951 年 中国人民解放军进藏部队创办藏文干部训练班
1965 年 成立西藏师范学校
1975 年 成立西藏师范学院
1985 年 正式更名为西藏大学

重点学科知多少

第二轮“双一流”建设学科

生态学

李锐讲名校故事

西藏湿地生态环境保护排头兵

雅尼国家湿地公园位于雅鲁藏布江与尼洋河交汇处，生态区位十分重要。西藏大学作为西藏雅尼湿地国家陆地生态系统定位观测研究站的技术支撑牵头单位，为高原湿地保护提供科学依据，开启了雅尼湿地科学保护、合理利用、全面发展的新阶段。

新中国成立后在少数民族地区创办的第一所综合性大学

内蒙古大学

内蒙古大学，一座草原上的智慧灯塔，立足中国北疆，因地制宜，开展民族文化研究，在草原生态、民族学等领域有着深厚的研究，为学子们提供了广阔的学术舞台。

名校身份证

校名： 西内蒙古大学（简称：内大）
学校类别： 综合类
学校地址： 内蒙古自治区呼和浩特市大学西路 235 号
办学层次： “211 工程”“双一流”

校训：求真务实

重点学科知多少

第二轮“双一流”建设学科

生物学

名校有历史

1957 年 内蒙古大学创办
1960 年 中国科学院内蒙古分院与内蒙古大学联合办公
1978 年 被确定为全国第一批 88 所重点大学之一

报考小贴士

中国少数民族语言文学（蒙古语言文学）专业是国家级特色专业。

李锐讲名校故事

“元代八思巴蒙古语圣旨金牌”藏宝地

内蒙古大学民族博物馆馆藏文物 6000 余件，设有 4 个展厅，二楼的“马背颂”主展厅中陈列着镇馆之宝“元代八思巴蒙古语圣旨金牌”，这是迄今为止发现的唯一一块刻有八思巴蒙古文的金牌。

上海简称“沪”，是我国的经济中心，从风云际会的上海滩到如今的国际大都会，它充满了东方意蕴又洋溢着异域风情，有“东方巴黎”的美誉。发达的城市建设、优质的教育资源，这里文化多元、高校云集。

上海

地道风物

热气腾腾的小笼包，焦香酥脆的生煎，武康路深秋的梧桐叶，精工细作的旗袍……老上海的气息藏在市井小吃里，隐于海派江南的精致优雅中。

万国建筑群、中共一大会址、上海鲁迅纪念馆、浦东美术馆……上海是中国近代史的缩影，也将奏响未来发展的最强音。

“985 工程”
“211 工程”
“双一流”

复旦大学
同济大学
华东师范大学
上海交通大学

“211 工程”
“双一流”

华东理工大学
上海大学
东华大学
上海外国语大学
上海财经大学
海军军医大学

“双一流”

上海海洋大学
上海体育大学
上海音乐学院
上海中医药大学
上海科技大学

中国人自主创办的第一所高等院校

复旦大学

“日月光华，旦复旦兮”，复旦大学的校名取自《尚书大传》，寓含自强不息、复兴中华的意义，由中国近代知名教育家马相伯先生选定，寄托着中国知识分子自主办学、教育强国的希望。

名校身份证

校名：复旦大学（简称：复旦）

学校类别：综合类

学校地址：上海市杨浦区邯郸路 220 号

办学层次：“985 工程”“211 工程”“双一流”

校训：博学而笃志，切问而近思

名校有历史

1905 年 复旦公学正式开学

1917 年 更名为私立复旦大学

2000 年 与上海医科大学合并，组建成新的复旦大学

重点学科知多少

第二轮“双一流”建设学科

哲学 应用经济学 政治学 中国史 马克思主义理论 中国语言文学 外国语言文学 物理学 化学 生物学 生态学 材料科学与工程 临床医学 环境科学与工程 基础医学 数学 公共卫生与预防医学 中西医结合 药学 集成电路科学与工程

报考小贴士

数学一直是复旦大学的王牌专业，根据软科中国大学专业排名，复旦大学的数学专业实力仅次于北京大学。

不可不知的名校风景

校园里的“小白宫”——子彬院

大片绿色的草坪上，一栋白墙黛瓦的四层楼宇格外引人注目，这便是子彬院，因其独特的建筑风格被冠名“小白宫”。它是著名现代心理学家郭任远从美国学成归来后，筹建的心理学院大楼，享誉世界的“猫鼠同笼”实验就发生在这里。

中国高校第一楼——光华楼

光华楼于 2005 年建成，凭借 142 米的高度成为复旦校园内最高大醒目的地理标志物，“双峰日出”更是复旦校园内的一处胜景。

李锐讲名校故事

复旦人的精神殿堂——相辉堂

相辉堂的馆名取自两位复旦老校长——马相伯和李登辉之名。马相伯是复旦大学创始人，李登辉是复旦重要的建设者，相辉堂是复旦人对他们永恒的纪念。

土木工程领域的绝对王者

同济大学

同舟楫、济天下。从建校之初，同济大学就被赋予撑起民族脊梁的使命。在“软科世界大学学术排名”发布的世界一流学科排行榜上，其土木工程专业在过去连续七年的评比中均稳居全球首位。东方明珠广播电视塔、上海金茂大厦、上海环球金融中心……同济人承担了这些标志性建筑的科研攻关任务，屡创上海新高度。

名校身份证

校名：同济大学（简称：同济）
学校类别：综合类
学校地址：上海市杨浦区四平路 1239 号
办学层次：“985 工程”“211 工程”“双一流”

校训：同舟共济

名校有历史

1907 年 德文医学堂创立
1923 年 定名为同济大学
1946 年 经历多次搬迁后，最终迁回上海
1996 年 上海建筑材料工业学院和上海城市建设学院并入
2000 年 上海铁道大学与同济大学合并

重点学科知多少

第二轮“双一流”建设学科

生物学 建筑学 土木工程 设计学
测绘科学与技术 城乡规划学
环境科学与工程 风景园林学

你知道吗？

同济大学不仅是工科翘楚，还是涵盖文、理、法、医等多学科的综合性大学。1946 年，上海第一个文学院就是在同济创办的。

不可不知的名校风景

文远楼——简约却不简单的包豪斯风格建筑

始建于 1953 年的文远楼是中国最早的包豪斯风格建筑之一，由建筑设计师黄毓麟、哈雄文操刀设计。这座融合了西方现代主义与中国传统元素的教学楼不仅见证了中国现代建筑的发展历程，更是中国乃至世界建筑设计的宝贵遗产，被载入《中国建筑史》和《世界建筑史》。

同济大学这本书，你可以再多读一页

同济大学图书馆老大楼初建于 1965 年，几经改造、升级，厚重与活力并存，让许多同济人引以为豪。图书馆大楼采用预应力悬挑结构，整体看起来像一本翻开的巨著，堪称力学与美学的完美结合。

李锐讲名校故事

“远东第一跨”——同济大礼堂

同济大礼堂建成于 1962 年，因净跨 40 米的拱形网架结构被誉为“远东第一跨”，是中国近代建筑史上的瑰宝。大厅内没有立柱，拱形屋顶网架中的菱形结构网格单元韵律感十足，这一设计巧思与意大利的罗马小体育馆异曲同工。

报考小贴士

设有工科试验班（国豪精英班），聚焦人工智能、数字城市、未来交通等国家重大战略领域，培养国家急需的应用基础创新人才。

因名字而被严重低估的高校

华东师范大学

华东师范大学以教育学、心理学等人文社科领域的杰出成就享誉国内外，但如果你以为它只是一所师范类院校，就严重低估了它的实力。华东师大的新工科专业也实力强劲。

重点学科知多少

第二轮“双一流”建设学科

教育学　生态学　统计学

名校身份证

校名：华东师范大学（简称：华东师大）

学校类别：师范类

学校地址：上海市闵行区东川路 500 号

办学层次：“985 工程”“211 工程”“双一流”

校训：求实创造，为人师表

名校有历史

1951 年　在大夏大学原址上创办华东师范大学

1972 年　与上海师范学院、上海体育学院等合并，改名为上海师范大学

1980 年　恢复华东师范大学校名

1997 年　上海幼儿师范高等专科学校并入

1998 年　上海教育学院、上海第二教育学院并入

报考小贴士

推出“卓越教师培养计划”，卓越学院的学生在顺利完成三年本科学习后，通过转段考核可直接进入硕士或博士培养阶段。

李锐讲名校故事

镌刻时光记忆的“花园学府”

华东师范大学被誉为“花园学府”，从流淌着动人故事的丽娃河到充满诗意的夏雨岛，每个角落都蕴含着华东师大专属的优雅与浪漫。拥有近百年历史的老建筑群贤堂，意为群贤汇集之地，是华东师大前身大夏大学的旧址，也是连接过去、现在与未来的纽带。

被誉为“东方麻省理工”的顶级学府

上海交通大学

20 世纪二三十年代，上海交通大学便因超群的实力被誉为“东方麻省理工”。解放前夕，这里是学生自己铺设路轨，自驾火车为民主请愿的红色“民主堡垒”。现如今，不走寻常路的上海交大既能闷声搞科研，也能用智慧改变世界。

名校身份证

校名：上海交通大学（简称：上海交大）
学校类别：综合类
学校地址：上海市闵行区东川路 800 号
办学层次：“985 工程”“211 工程”“双一流”

重点学科知多少

第二轮“双一流”建设学科

数学 物理学 化学 生物学
材料科学与工程 口腔医学
电子科学与技术 机械工程
信息与通信工程 基础医学
控制科学与工程 土木工程
计算机科学与技术 药学
化学工程与技术 临床医学
船舶与海洋工程 工商管理

校训：饮水思源，爱国荣校

名校有历史

1896 年 南洋公学创建
1921 年 更名为交通大学上海学校
1957 年 交通大学分为交通大学上海部分和西安部分
1959 年 交通大学上海部分启用“上海交通大学”校名
1999 年 上海农学院并入
2005 年 上海第二医科大学并入

李锐讲名校故事

建成多座博物馆和纪念馆，巩固和提升学校文化软实力

自 1996 年创建交通大学校史博物馆以来，上海交通大学相继建成了程及美术馆、董浩云航运博物馆、钱学森图书馆、李政道图书馆等专题博物馆和人物纪念馆，立志将自身打造为国际知名的历史文化教育高地。这里是科技与爱国主义教育的枢纽，更是文化艺术交流互动的平台。

学霸的修炼场，舌尖上的美味殿堂

华东理工大学

化学是绚丽多彩的，也是令人兴奋的。作为新中国第一所因化工特色而闻名的高等学府，这里的学子们既能轻松探索分子世界的奥秘，也能在科研竞赛中把对手“炼化”得心服口服。在吃上“大做文章”的食品科学与工程专业全国领先。

名校身份证

校名：华东理工大学（简称：华理）
学校类别：理工类
学校地址：上海市徐汇区梅陇路 130 号
办学层次：“211 工程”“双一流”

重点学科知多少

第二轮“双一流”建设学科

化学　材料科学与工程
化学工程与技术

校训：勤奋求实，励志明德

名校有历史

1952 年　交通大学、震旦大学等校化工系合并组建华东化工学院
1993 年　更名为华东理工大学

中国共产党创办的第一所正规大学

上海大学

上海大学曾是革命青年向往的“东南革命最高学府”，而今是兼具历史文化底蕴与现代科技活力的“沪上名校”。学子们用知识炼成“倚天剑”，在学术的江湖中披荆斩棘，勇攀高峰。

名校身份证

校名：上海大学（简称：上大）
学校类别：综合类
学校地址：上海市宝山区上大路 99 号
办学层次：“211 工程”“双一流”

重点学科知多少

第二轮“双一流”建设学科

机械工程

校训：自强不息，道济天下

名校有历史

1922 年　成立上海大学
1983 年　复旦大学分校、上海外国语学院分校等 6 所学校合并，复办上海大学
1994 年　上海工业大学、上海科学技术大学、上海大学和上海科技高等专科学校合并组建新的上海大学

新中国第一所纺织高等学府

东华大学

东华大学脱胎于1912年的纺织染传习所，而今已成中国纺织界的时尚先驱。除了在经纬之间探寻潮流密码，东华大学也在用纤维艺术昭告世界：“织”出来的不仅是衣物，更是创意与科技的结晶。

名校身份证

校名： 东华大学

学校类别： 综合类

学校地址： 上海市长宁区延安西路1882号

办学层次： “211工程”“双一流”

校训：崇德博学，砺志尚实

重点学科知多少

第二轮“双一流”建设学科

材料科学与工程

纺织科学与工程

名校有历史

1951年 成立华东纺织工学院

1985年 更名为中国纺织大学

1999年 上海纺织高等专科学校、国家轻工业局上海玻璃搪瓷研究所并入，更名为东华大学

报考小贴士

以纺织专业著称，在纺织、材料、设计等领域实力极强。

李锐讲名校故事

太空中的纺织黑科技——于九天之上“织造”未来

高科技智能纺织早已超越传统的衣物制作范畴，从助力“天宫一号”“天宫二号”成功飞天的太阳能帆板“玻璃翅膀”，到研发北斗导航、“鹊桥”中继卫星的“星载天线金属网”，东华大学的科研团队为中国的航天事业保驾护航，用纺织科技“织造”未来。

新中国成立后兴办的第一所高等外语学府

上海外国语大学

上海外国语大学立足全球视野，植根语言艺术，集教学、科研与国际交流于一身，构筑多语种、跨文化的学术高地，培育翻译与外交人才，为国家的国际化进程提供强大语言支撑，在全球化的洪流中，连接世界，传递智慧之声。

名校身份证

校名： 上海外国语大学（简称：上外）
学校类别： 语言类
学校地址： 上海市大连西路 550 号
办学层次： “211 工程” “双一流”

重点学科知多少

第二轮“双一流”建设学科

外国语言文学

校训：格高志远，学贯中外

名校有历史

1949 年 华东人民革命大学附设上海俄文学校成立
1950 年 更名为华东人民革命大学附设外文专修学校
1956 年 更名为上海外国语学院
1994 年 更名为上海外国语大学

李锐讲名校故事

上海外国语大学——优雅切换各国频道的语言界“联合国总部”

在上海外国语大学，你不仅能够掌握多种语言工具，更能玩转国际外交礼仪，说不定哪天就成了跨国谈判桌上的关键角色。每一个志存高远的上外学子都期待能学有所成，在全球化浪潮中乘风破浪，实现梦想。

报考小贴士

外国语言文学学科下的英语语言文学、俄语语言文学、阿拉伯语语言文学是国家级重点学科。

让钱生钱的“财经魔法师”聚集地

上海财经大学

坐落在魔都上海的上海财经大学以百年积淀的财经智慧，培养出一批又一批既能谈笑风生、玩转市场经济，又能指点江山、解读全球经济动脉的财经精英，是不容错过的一站式“财经修炼场”。

名校身份证

校名： 上海财经大学
（简称：上海财大）
学校类别： 财经类
学校地址： 上海市国定路 777 号
办学层次： “211 工程”“双一流”

重点学科知多少

第二轮“双一流”建设学科

应用经济学

校训：厚德博学，经济匡时

名校有历史

1917 年 前身南京高等师范学校商业专修科成立
1921 年 与国立东南大学、暨南学校联合设上海商科大学，迁至上海
1932 年 独立为国立上海商学院
1958 年 与多方合并组建上海社会科学院
1960 年 重建上海财经学院
1985 年 更名为上海财经大学

充满使命与荣耀的“海上白袍侠”摇篮

海军军医大学

在海军军医大学，你不仅可以习得妙手回春的精湛医术，也能掌握横渡四海的硬核技能，将救死扶伤的医者仁心与驰骋汪洋的军人胆识完美结合，悬壶济世、扬帆破浪两不误。

名校身份证

校名： 海军军医大学
学校类别： 军事类
学校地址： 上海市杨浦区翔殷路 800 号
办学层次： “211 工程”“双一流”

重点学科知多少

第二轮“双一流”建设学科

基础医学

校训：求实，创新，严谨，献身

名校有历史

1949 年 成立华东军区人民医学院
1951 年 定名为第二军医大学
2017 年 转隶海军，组建海军军医大学

苏州园林、西湖美景、黄山奇峰……江南是白墙黛瓦掩映之下的水墨画卷：远处的茶园目之所及皆浓翠，脚下的青石板路泛着旧旧的光。精致淡雅的文化孕育出的不只是温柔婉约的人，还有颜值与实力并存的精英学府。

江苏

“985 工程” “211 工程” “双一流”

南京大学
东南大学

“211 工程” “双一流”

中国矿业大学
南京航空航天大学
南京理工大学
南京农业大学
南京师范大学
中国药科大学
苏州大学
河海大学
江南大学

“双一流”

南京邮电大学
南京林业大学
南京信息工程大学
南京中医药大学
南京医科大学

浙江

“985 工程” “211 工程” “双一流”	浙江大学
“双一流”	宁波大学 中国美术学院

安徽

“985 工程” “211 工程” “双一流”	中国科学技术大学
“211 工程” “双一流”	安徽大学 合肥工业大学

因《红楼梦》“神作业”火到海外的百年名校

南京大学

南京大学因文学院教授苗怀明的《红楼梦》“花式作业”火遍全网：证明自己是《红楼梦》的作者，邀请学生一起撰写《红楼前梦》……独具巧思的翻转课堂让这所百年老校又多了一层学霸光环。

校训：诚朴雄伟，励学敦行

名校身份证

校名：南京大学（简称：南大）
学校类别：综合类
学校地址：江苏省南京市鼓楼区汉口路 22 号
办学层次：“985 工程”“211 工程”“双一流”

重点学科知多少

第二轮“双一流”建设学科

哲学 理论经济学 中国语言文学
外国语言文学 物理学 化学 天文学
大气科学 地质学 生物学 矿业工程
材料科学与工程 计算机科学与技术
化学工程与技术 环境科学与工程
图书情报与档案管理

报考小贴士

在全国第四轮学科评估中，南京大学的天文学、地质学和图书情报与档案管理三个学科获得 A+。

你知道吗?

南京大学天文与空间科学学院的前身南京大学天文学系，是中国最早设立的天文系之一。

不可不知的名校风景

用明代的城墙砖砌成的北大楼

南京大学北大楼始建于1917年，砖木结构，墙体采用珍贵的明代城墙砖砌筑，中央耸立的五层方形塔楼结合十字形脊顶的巧妙设计，极具视觉冲击力。这座兼具东西方美学特质的大楼，不仅是南大的标志性建筑，也是整个南京城亮丽的风景线。

承载荣耀往昔的二源壁

南京大学鼓楼校区北园矗立着一块名为“二源壁”的纪念壁，壁的一面刻着“两江师范学堂”，一面刻着“金陵大学堂”，代表着南京大学的两个源头。

李锐讲名校故事

黑暗岁月中的明灯——拉贝故居

南京大学鼓楼校区内的拉贝故居曾是德国人约翰·拉贝的住所。第二次世界大战期间，他以此为中心设立安全区，保护了大量的中国平民。这里的每一块砖石、每一道印记都在向世人诉说着和平的可贵，闪耀着人道主义光辉。著名的《拉贝日记》就是在这里完成的。

名校有历史

1902年	三江师范学堂创建
1906年	更名为两江师范学堂
1914年	改设为南京高等师范学校
1921年	建立国立东南大学
1923年	南京高等师范学校并入国立东南大学
1927年	国立东南大学、河海工科大学等学校合并组建国立第四中山大学
1928年	更名为国立中央大学
1937年	学校西迁
1949年	更名为国立南京大学
1950年	更名为南京大学

中国现代建筑学学科的发源地

东南大学

作为建筑领域的泰山北斗，东南大学建筑系为国家培养了大批杰出人才，如获得普利兹克建筑奖的王澍等。这所老牌 985 高校不仅是建筑老八校之一，更位列四大工学院之首。

名校身份证

校名：东南大学（简称：东大）

学校类别：综合类

学校地址：江苏省南京市玄武区四牌楼 2 号

办学层次：“985 工程”“211 工程”“双一流”

名校有历史

1902 年	前身三江师范学堂创建
1921 年	建立国立东南大学
1928 年	更名为国立中央大学
1952 年	经过学科调整，建立南京工学院
1988 年	恢复东南大学校名

校训：止于至善

重点学科知多少

第二轮“双一流”建设学科

机械工程 材料科学与工程 土木工程 电子科学与技术 信息与通信工程 控制科学与工程 计算机科学与技术 建筑学 交通运输工程 风景园林学 生物医学工程 艺术学理论

李锐讲名校故事

东南大学大礼堂——校园内的精致“小绿伞”

东南大学大礼堂始建于 1930 年，承载着无数文化记忆。大礼堂的顶部用铜板覆盖，经过岁月磨砺变成了绿色，远远望去就像一把精致的小绿伞。它不仅是东南大学的标志性建筑，更是历届师生心中的精神坐标和情感纽带。

报考小贴士

师资雄厚，本科生人均配备包括院士在内的高水平学术导师；各类重点实验室均免费向本科生开放。

历经 14 次搬迁、12 次易名的“最会流浪的大学”

中国矿业大学

中国矿业大学的成长伴随着历史的风雨，百余年来历经多次搬迁、易名，却依然薪火相传，把探求学问与躬行实践相统一，矢志探求真理，勇于开拓创新。

名校身份证

校名： 中国矿业大学（简称：中国矿大）
学校类别： 综合类
学校地址： 江苏省徐州市大学路 1 号
办学层次： “211 工程”“双一流”

重点学科知多少

第二轮“双一流”建设学科

安全科学与工程
矿业工程

校训：崇德尚学

名校有历史

1909 年 前身焦作路矿学堂创办
1950 年 建立中国矿业学院
1988 年 更名为中国矿业大学

报考小贴士

除矿业类相关专业，工程学和地球科学也是中国矿大的优势学科领域。

李锐讲名校故事

与一片湖一座城的共进共荣

徐州市潘安湖地区曾因采煤塌陷区域总面积达 11.6 平方千米，严重影响了当地农业与居民生活。中国矿业大学发挥学科优势，围绕潘安湖采煤塌陷区实施了大规模的科技攻关与综合治理，在潘安湖采煤塌陷区的生态修复与转型发展中发挥了核心作用，助力徐州实现从“一城煤灰半城土”到“一城青山半城湖”的华丽转身。

自带“飞翔基因”的航天学府

南京航空航天大学

“效法羲和驭天马，志在长空牧群星……”南京航空航天大学的校歌唱出了南航人的宏伟理想。这里汇集了一批批“航空迷”和“航天控”，驾飞机、造火箭、上太空，他们样样能行。

名校身份证

校名： 南京航空航天大学（简称：南航）
学校类别： 理工类
学校地址： 江苏省南京市秦淮区御道街 29 号
办学层次： “211 工程”“双一流”

校训：智周万物，道济天下

名校有历史

1952 年 南京航空工业专科学校成立
1956 年 升格为南京航空学院
1993 年 改名为南京航空航天大学

李锐讲名校故事

为国铸重器，遨游九天上

南航参与了中国多个重要型号的航空器和航天器的研发，如歼 -10 战斗机等，为我国自主研制的载人航天器、无人飞行器、运载火箭等提供了关键技术支撑。

重点学科知多少

第二轮“双一流”建设学科

力学 控制科学与工程
航空宇航科学与技术

报考小贴士

开设长空创新班、拔尖创新实验班、钱伟长班等，在航空航天、电气工程及其自动化、工程力学等领域培养拔尖人才。

兵器界的智慧熔炉，学霸们的战术高地

南京理工大学

南京理工大学是“兵工七子”“国防七子”的一员，研究火炮是南京理工大学的看家本领。在长期发展过程中，南京理工大学形成了兵器与装备、信息与控制、化工与材料三大优势学科群。

名校身份证

校名： 南京理工大学（简称：南理工）
学校类别： 理工类
学校地址： 江苏省南京市玄武区孝陵卫街200号
办学层次： “211工程”“双一流”

重点学科知多少

第二轮“双一流”建设学科

兵器科学与技术

校训：进德修业，志道鼎新

报考小贴士

开设由院士团队全程指导，采用跨学科融合性的8年本博贯通培养模式的“鼎新创新人才班”。

李锐讲名校故事

校园里的兵器大观园

南京理工大学兵器博物馆是一座集兵器历史展示、科普教育、国防教育于一体的多功能博物馆。馆内珍藏着自第一次世界大战以来世界各国不同历史时期的各类武器装备，包括火炮类、轻武器类和光学器材类等，总藏品数达6 000余件。

名校有历史

1953年 中国人民解放军军事工程学院炮兵工程系、中国人民解放军武昌高级军械技术学校成立
1960年 中国人民解放军炮兵工程学院成立
1971年 太原机械学院轻武器专业调入
1978年 西北工业大学航空炮专业调入
1984年 改名为华东工学院
1993年 更名为南京理工大学

近现代中国高等农业教育的拓荒者

南京农业大学

南京农业大学立足沃土，深耕农业科学，以农业和生命科学为优势和特色，育英才、研精粹，于绿色田野上播种希望。

名校身份证

校名： 南京农业大学（简称：南农）
学校类别： 农林类
学校地址： 江苏省南京市玄武区卫岗 1 号
办学层次： “211 工程” “双一流”

重点学科知多少

第二轮“双一流”建设学科

作物学 农业资源与环境

校训：诚，朴，勤，仁

名校有历史

1902 年 三江师范学堂农学博物科设立
1952 年 金陵大学农学院、南京大学农学院以及浙江大学农学院部分系科，合并成立南京农学院
1984 年 更名为南京农业大学

受名家大师“偏爱”的教育高地

南京师范大学

紫金山下，师道绵延。南京师范大学立校于钟灵毓秀之地，集教育科学之大成，以智慧之光，照亮民族教育之路。

名校身份证

校名： 南京师范大学（简称：南师）
学校类别： 师范类
学校地址： 江苏省南京市仙林大学城文苑路 1 号
办学层次： “211 工程” “双一流”

重点学科知多少

第二轮“双一流”建设学科

地理学

校训：正德厚生，笃学敏行

名校有历史

1902 年 创办三江师范学堂
1952 年 原南京大学、公立金陵大学等有关院系合并组建南京师范学院
1984 年 更名为南京师范大学

中国生物医药人才摇篮

中国药科大学

中国药科大学作为药学教育的巍巍学府，在传统与现代交汇中淬炼精华，不断开创制药科技的新篇章，为健康中国战略注入不竭动力。

名校身份证

校名： 中国药科大学（简称：中国药大）
学校类别： 医药类
学校地址： 江苏省南京市鼓楼区童家巷 24 号
办学层次： “211 工程”“双一流”

重点学科知多少

第二轮“双一流”建设学科

中药学

校训：精业济群

名校有历史

1936 年 创办国立药学专科学校
1950 年 更名为华东药学专科学校
1952 年 齐鲁大学药学系和东吴大学药学专修科并入，成立华东药学院
1956 年 更名为南京药学院
1986 年 与筹建中的南京中药学院合并成立中国药科大学

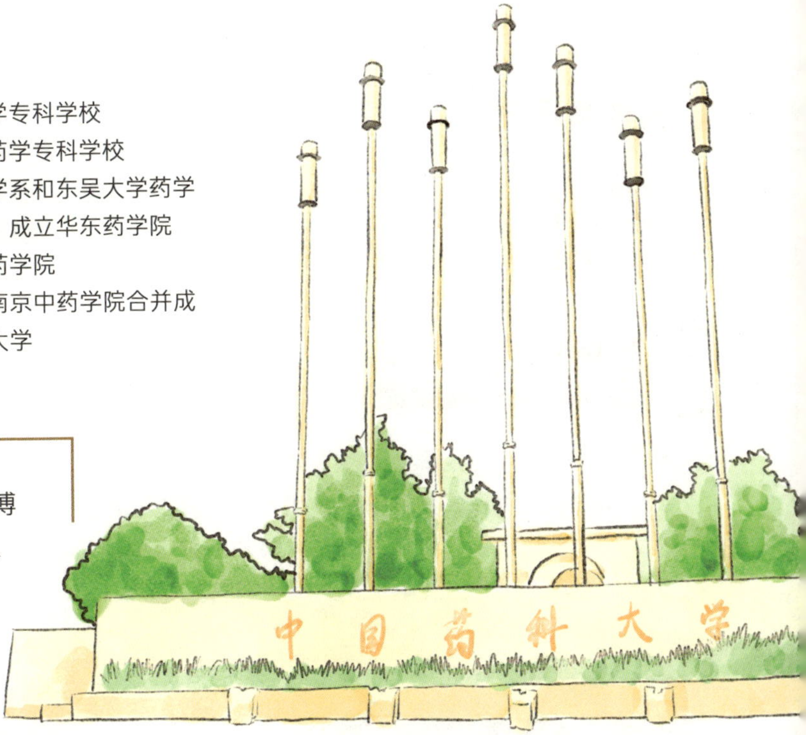

报考小贴士

药学专业设有本博贯通强基拔尖实验班、拔尖创新班。

李锐讲名校故事

典藏医药瑰宝的知识圣殿——中国药科大学药学博物馆

中国药科大学药学博物馆始建于 1936 年，从最初作为生药标本室的朴素开端，到如今成为国内首屈一指的专业博物馆，它见证了中国药学教育与研究的蓬勃发展，致力于通过实体文物结合数字化技术，讲好药大的、中国的、世界的“药的故事”。

江南水乡中的学术桃花源

苏州大学

古运河畔传来的琅琅书声是苏州大学泛黄的历史剪影。漫步在如诗如画的校园中，仿佛置身于哲学与美学交织的禅意世界。学子们在这里启迪心智，追寻真理，升华自我。

名校身份证

校名： 苏州大学（简称：苏大）
学校类别： 综合类
学校地址： 江苏省苏州市姑苏区十梓街 1 号
办学层次： “211 工程”“双一流”

重点学科知多少

第二轮“双一流”建设学科

材料科学与工程

校训：养天地正气，法古今完人

名校有历史

1900 年 前身东吴大学成立
1952 年 更名为江苏师范学院
1982 年 更名为苏州大学

报考小贴士

苏州大学王健法学院有着深厚的历史底蕴，分别于 1993 年和 1998 年获得硕士、博士学位授予权，是华东地区最早获得法学博士点的单位。

李锐讲名校故事

尊师轩——“小桥流水人家”的恬静诗意

尊师轩坐落在人文荟萃的苏州大学校园内，行至此处，仿佛置身于水墨画卷之中。飞檐斗拱仿佛古诗中的绝句，勾勒出传统建筑的精妙韵味；流水曲廊则如丝竹之声般悠扬，流淌出江南水乡的婉约细腻。

中国第一所培养水利人才的高等学府

河海大学

河海大学的前身——河海工程专门学校由近代著名爱国实业家、教育家张謇创办。学校在一百多年的办学实践中，秉承“治水兴邦”的历史使命，培养出无数水利精英。

名校身份证

校名： 河海大学（简称：河海）

学校类别： 综合类

学校地址： 江苏省南京市西康路 1 号

办学层次： “211 工程” “双一流”

重点学科知多少

第二轮“双一流”建设学科

水利工程

环境科学与工程

校训：艰苦朴素，实事求是，严格要求，勇于探索

名校有历史

1915 年 创办河海工程专门学校

1924 年 与东南大学工科合并成立河海工科大学

1952 年 组建华东水利学院

1985 年 定名为河海大学

轻工高等教育领域的“学霸制造机”

江南大学

太湖之滨，蠡湖之畔，江南大学工、理、文、艺等学科交叉融合，育人为本，科研领先，在轻工技术、食品科学等领域独树一帜。

名校身份证

校名： 江南大学（简称：江大）

学校类别： 综合类

学校地址： 江苏省无锡市蠡湖大道 1800 号

办学层次： “211 工程” “双一流”

校训：笃学尚行，止于至善

重点学科知多少

第二轮“双一流”建设学科

轻工技术与工程

食品科学与工程

名校有历史

1902 年 创办三江师范学堂

1958 年 成立无锡轻工业学院

1995 年 更名为无锡轻工大学

2001 年 与江南学院、无锡教育学院合并组建江南大学

2003 年 东华大学无锡校区并入江南大学

智美兼备的“东方剑桥”

浙江大学

浙江大学始于1897年创建的求是书院，抗战全面爆发后，曾西迁贵州办学7年，英国学者李约瑟来访时称浙大为“东方剑桥”。今天，浙大以绝对优势雄踞中国华东地区，综合实力出类拔萃。

名校身份证

校名：浙江大学（简称：浙大）
学校类别：综合类
学校地址：浙江省杭州市西湖区余杭塘路866号
办学层次：“985工程”“211工程”“双一流”

重点学科知多少

第二轮“双一流”建设学科

化学 机械工程 光学工程 土木工程
材料科学与工程 农业工程 软件工程
动力工程及工程热物理 电气工程
控制科学与工程 计算机科学与技术
园艺学 农林经济管理 药学 临床医学
植物保护 基础医学 生态学 生物学
管理科学与工程 环境科学与工程

校训：求是创新

名校有历史

1897年	前身求是书院建立
1928年	改名为浙江大学
1946年	浙江大学迁返杭州
1998年	浙江大学、杭州大学、浙江农业大学、浙江医科大学合并组建为新的浙江大学

报考小贴士

浙大学子可在“云端物理”课上观摩圣彼得堡彼得大帝理工大学材料技术课的实验，聆听英国国家学术院院士畅谈古蛋白质组学在科技考古中的应用。

不可不知的名校风景

三月三，南华水边诗意话芳菲

浙大南华园三面临水，融古建筑群、湿地景观于一体。每年农历三月初三，南华园内都会举办“三月风吟”诗会活动。师生齐聚南华园，以诗会友，品茗论道，徜徉于传统文化之中。

求是鼎，来自浙大校友的最“稳”礼物

“求是鼎”是浙江大学校友在母校 110 周年校庆时所赠，契合浙大的校训精神——“求是创新”，寓意浙大师生要像鼎一样稳固、坚定，在追求真理的路上永不止步。

李锐讲名校故事

被誉为近代中国“问天”第一人的“浙大保姆”

竺可桢是中国气象科学的奠基人之一。1918 年，竺可桢取得哈佛大学的博士学位后毅然回国，投身教育事业。1936 年，他受命担任浙江大学校长，掌舵浙大 13 年。任职期间，他将浙江大学从一所地方性学府塑造成享誉世界的一流大学。在他 60 岁时，浙江大学的学生送来一面上书“浙大保姆”的锦旗。

你知道吗？

2013 年浙江大学与英国帝国理工学院筹建联合学院，这是一个“双向性”的工程。联合学院在伦敦和浙江两地办学，形成互利互赢、可持续发展的合作办学模式。

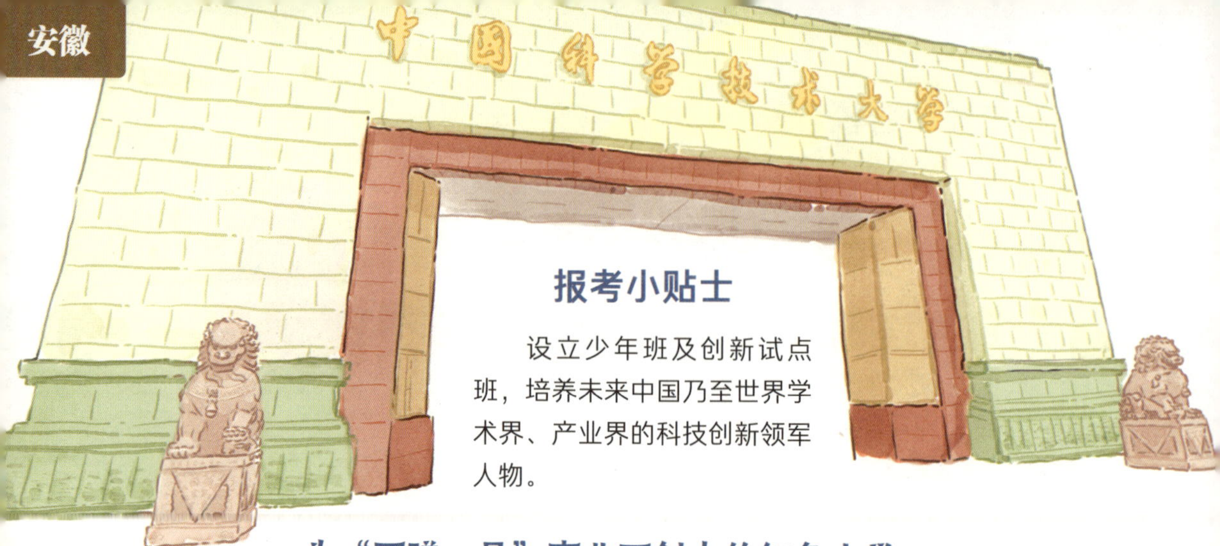

报考小贴士

设立少年班及创新试点班，培养未来中国乃至世界学术界、产业界的科技创新领军人物。

为“两弹一星”事业而创办的红色大学

中国科学技术大学

中国科学技术大学以前沿科学和高新技术研究享誉中外，承载着新中国科技进步的梦想，尤其在量子计算、物理、化学等领域硕果累累，培养了大量高水平科研人员。

名校身份证

校名：中国科学技术大学（简称：中国科大）

学校类别：理工类

学校地址：安徽省合肥市包河区金寨路 96 号

办学层次：“985 工程”“211 工程”“双一流”

重点学科知多少

第二轮“双一流”建设学科

数学 物理学 安全科学与工程
生物学 地球物理学 科学技术史
材料科学与工程 核科学与技术
计算机科学与技术 化学 天文学

校训：红专并进，理实交融

名校有历史

1958 年 中国科学技术大学创建
1970 年 迁入安徽省合肥市办学
1999 年 合肥经济技术学院并入

李锐讲名校故事

中国第一个国家级实验室出自合肥

中国科学技术大学国家同步辐射实验室是我国第一个国家级实验室。20 世纪 80 年代末，我国自主研发的第一台专用同步辐射光源——“合肥光源”在这里横空出世，发出中国第一束“神奇之光”，照亮了我国科学家的“追光”之路。

省属高校的“排头兵、领头雁”

安徽大学

在徽州文化的濡染下，安徽大学融科学之光与人文情怀于一炉，担纲中部崛起之教育先锋，培养的无数人才犹如徽墨般晕染开来，为教育强国贡献坚实力量。

名校身份证

校名： 安徽大学

（简称：安大）

学校类别： 综合类

学校地址： 安徽省合肥市经济技术开发区九龙路 111 号

办学层次： “211 工程”“双一流”

校训：至诚至坚，博学笃行

重点学科知多少

第二轮“双一流”建设学科

材料科学与工程

名校有历史

1928 年 安徽大学创建于安庆

1956 年 迁址合肥

扎根江淮，工业报国

合肥工业大学

诞生在淮水之滨的合肥工业大学，集理工文管之大成，于制造业产业升级的浪潮中砥柱中流。新时代的蓝海中，它更以科技领航，铸就工科教育的辉煌丰碑。

名校身份证

校名： 合肥工业大学

（简称：合工大）

学校类别： 理工类

学校地址： 安徽省合肥市包河区屯溪路 193 号

办学层次： “211 工程”“双一流”

重点学科知多少

第二轮“双一流”建设学科

管理科学与工程

校训：厚德，笃学，崇实，尚新

名校有历史

1945 年 组建成立安徽省立蚌埠工业职业学校

1947 年 成立安徽省立工业专科学校

1958 年 更名为合肥工业大学

1997 年 与安徽工学院合并组建新的合肥工业大学

天府之国，山峦起伏，三星堆与洪崖洞绘就了奇绝的文明画卷，憨态可掬的大熊猫和穿楼而过的轻轨见证着现代的繁华，这里是笼罩在辣椒与花椒香气中的巴蜀大地，爽快热辣的气质在川渝火锅里蒸腾，熏陶出热情如火、生生不息的学府文化。

重庆

“985 工程”
“211 工程”
“双一流”

重庆大学

“211 工程”
“双一流”

西南大学

四川

“985 工程”
“211 工程”
“双一流”

四川大学
电子科技大学

“211 工程”
“双一流”

西南交通大学
四川农业大学
西南财经大学

“双一流”

西南石油大学
成都理工大学
成都中医药大学

绿地率达 40% 的花园式学校

西南大学

西南大学位于山城重庆，在这里，你可以享受缙云山下的晨读时光，时不时地偶遇可爱的小动物，也能在食堂品尝地道的重庆美食，体验“读书顶呱呱，生活美滋滋”的神仙生活。

名校身份证

校名： 西南大学
学校类别： 综合类
学校地址： 重庆市北碚区天生路 2 号
办学层次： “211 工程” “双一流”

校训：含弘光大，继往开来

重点学科知多少

第二轮“双一流”建设学科

教育学 生物学

名校有历史

1906 年 前身川东师范学堂创建
1936 年 更名为四川省立教育学院
1950 年 与其他院校分别组建西南师范学院和西南农学院
1985 年 西南师范学院与西南农学院分别改名为西南师范大学与西南农业大学
2005 年 西南师范大学和西南农业大学合并为西南大学

报考小贴士

教育学、心理学、马克思主义理论是西南大学的名牌专业。在教育部全国第四轮学科评估中，这 3 个学科评级均为 A-。

李锐讲名校故事

“杂交水稻之父”袁隆平的母校

世界著名的“稻田守望者”——袁隆平，是让百姓填饱肚子的杂交水稻育种专家，他曾就读于西南农学院，也就是今天的西南大学。为了纪念他，学校在校园内竖立了袁隆平的雕像。2016 年，袁隆平回母校参加校庆活动时，捐款设立了奖助学金，鼓励学生为农业事业做出贡献。

巴渝山水之间的“魔幻 3D 立体迷宫大学”

重庆大学

在重庆大学，你可以体验到爬坡上坎的校园生活，也能在高低错落的建筑群间感受时空穿梭的魅力。看似一体，楼层错位。这里不仅盛产学霸，也培养出了不少“城市定向达人”。

名校身份证

校名：重庆大学（简称：重大）
学校类别：综合类
学校地址：重庆市沙坪坝区沙正街 174 号
办学层次：“985 工程”“211 工程”“双一流”

你知道吗?

著名地质学家李四光随中央研究院地质研究所迁来重大时，就住在重大工学院的地下室里。

重点学科知多少

第二轮“双一流”建设学科

机械工程 电气工程 土木工程

报考小贴士

重庆大学弘深学院主攻“拔尖人才培养”，设电气电子实验班、机械实验班等，在进校新生中二次选拔优秀生源。

校训：耐劳苦，尚俭朴，勤学业，爱国家

名校有历史

1929 年 重庆大学建立
1935 年 更名为省立重庆大学
1942 年 更名为国立重庆大学
1949 年 更名为重庆大学
2000 年 重庆大学、重庆建筑大学、重庆建筑高等专科学校合并为新的重庆大学

不可不知的名校风景

中国传统建筑风格的代表——A 区第一教学楼

重庆大学 A 区第一教学楼为中式建筑风格，中轴对称，歇山式屋顶，双层带阁楼，极具中国传统建筑的优雅气质。作为抗战文宣的前沿阵地，这里曾回荡着邓颖超、郭沫若、黄炎培、马寅初等著名人士的激昂陈词。

炸不垮的教学楼

重庆大学工学院楼始建于 1935 年，由留法学者刁泰乾设计，是一幢 3 层的欧式建筑，墙体用坚固的条石精心砌筑。大楼在 1940 年的轰炸中严重损毁，后来由重大师生合力重建。

李锐讲名校故事

烽火连天际，守望相助时

在抗日战争时期，国立中央大学等学校因战乱辗转至重庆避难，重庆大学义不容辞地拿出沙坪坝松林坡约 200 亩土地资源供国立中央大学、国立中央工业专科学校建校舍。这一时期，三校师资互聘、学分互认、资源共享，书写了中国高等教育史上团结协作、共谋发展的光辉一页。

声名远扬的蜀中学府

四川大学

岷峨挺秀，锦水含章。四川大学地处历史名城——成都，以悠久的历史、深厚的学术积淀、雄厚的师资力量、全面的学科设置以及丰硕的科研成果而闻名。

名校身份证

校名： 四川大学（简称：川大）

学校类别： 综合类

学校地址： 四川省成都市武侯区一环路南一段 24 号

办学层次： “985 工程” “211 工程” “双一流”

校训：海纳百川，有容乃大

名校有历史

1896 年 四川中西学堂创办

1994 年 原四川大学和原成都科技大学合并为四川联合大学

1998 年 复名四川大学

2000 年 与原华西医科大学合并，组建为新的四川大学

重点学科知多少

第二轮“双一流”建设学科

数学 化学 材料科学与工程

基础医学 口腔医学 护理学

报考小贴士

自 2018 年起，四川大学实施“大川视界”大学生海外访学计划，每年支持本科生、研究生前往海外知名高校、研究机构和企业进行短期访学、实习参观等，为学生学习提供多样化的选择。

李锐讲名校故事

时间的见证——钟楼

钟楼是华西校区的标志性建筑，也是成都市的地标之一。这座配有西式时钟的建筑建成于 1926 年。钟楼采用中西合璧的设计理念，飞檐纤巧秀丽，古色古香，一砖一瓦，尽显融洽和美。

全国高校电子信息领域的排头兵

电子科技大学

电子科技大学是中国电子信息业的领军学府，其在电子科学与技术、信息与通信工程等关键领域成就斐然。从新中国第一所无线电大学到如今的多科性研究型大学，电子科技大学为中国电子信息领域培养了众多精英，被誉为“民族电子工业摇篮”。

校训：求实求真，大气大为

名校身份证

校名：电子科技大学（简称：成电）

学校类别：理工类

学校地址：四川省成都市高新区（西区）西源大道 2006 号

办学层次：“985 工程”“211 工程”“双一流”

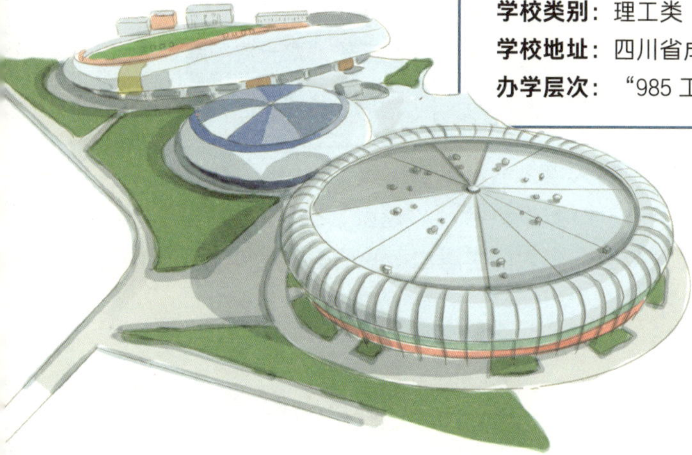

名校有历史

1956 年 成都电讯工程学院成立

1988 年 更名为电子科技大学

1998 年 成都冶金干部管理学院并入

重点学科知多少

第二轮“双一流”建设学科

电子科学与技术

信息与通信工程

李锐讲名校故事

银杏大道

沙河校区的 1 600 余株银杏树是电子科技大学一道独特的风景线。深秋时节，银杏叶变成金黄色，学校还会举办银杏艺术周活动。还有清水河校区的银杏大道，每到金秋时节，就会形成一幅浓墨重彩的油画，美得沉静，大气磅礴。

老家在唐山的西南地区知名学府

西南交通大学

西南交通大学是中国第一所工程教育高等学府，是中国土木工程、矿冶工程、交通工程高等教育的发祥地。中国 23 位“两弹一星”功勋奖章获得者中，有 3 位出自西南交通大学。

校训：精勤求学，敦笃励志，果毅力行，忠恕任事

名校有历史

1896 年 山海关北洋铁路官学堂创办
1949 年 更名为中国交通大学唐山工学院
1950 年 更名为北方交通大学唐山工学院
1952 年 更名为唐山铁道学院
1964 年 学校迁至四川峨眉
1972 年 更名为西南交通大学
1989 年 总校迁至四川成都

名校身份证

校名： 西南交通大学
（简称：西南交大）
学校类别： 理工类
学校地址： 四川省成都市郫都区犀安路 999 号
办学层次： “211 工程”“双一流”

重点学科知多少

第二轮“双一流”建设学科

交通运输工程

李锐讲名校故事

历经 18 次迁址、改名的“命途多舛”的大学

“命途多舛”的西南交通大学曾屡迁校址，数度更名，以“唐院”之名享誉海内外，获“东方康奈尔”的美誉。西南交通大学犀浦校区的南大门由唐山市政府捐资修建，寄意西南交大永远铭记曾经的唐山岁月。

报考小贴士

交通运输工程学科位居全国第一（A+）并进入国家“双一流”建设序列，土木工程学科位居全国前列，材料科学、工程学、计算机科学等学科进入 ESI 世界排名前 1%。

中国农业教育界的“麻辣小火锅”

四川农业大学

四川农业大学既有扎实的传统农业科技底蕴，又不乏现代生物科技的创新热情。探索基因的秘密、解析土壤的语言、研究植物的心理活动、给熊猫宝宝做营养餐……四川农业大学的生活就像层次丰富的川菜，精研学术的惊喜与闲适生活的乐趣样样有！

名校身份证

校名：四川农业大学（简称：四川农大）

学校类别：农林类

学校地址：四川省雅安市雨城区新康路 46 号

办学层次：“211 工程”“双一流”

校训：追求真理，造福社会，自强不息

重点学科知多少

第二轮“双一流”建设学科

作物学

名校有历史

1906 年 前身四川通省农业学堂成立

1914 年 更名为四川公立农业专门学校

1935 年 改建为国立四川大学农学院

1985 年 更名为四川农业大学

深谙财富密码的财经达人培训地

西南财经大学

从黄浦江畔光华初升，到一路向西扎根蓉城。“算盘一响，黄金万两”，学霸们拨动数字琴弦，玩转供需曲线，在修炼财经内功之余，也能品茗论道，巴适生活。

名校身份证

校名：西南财经大学（简称：西南财大）

学校类别：财经类

学校地址：四川省成都市青羊区光华村街 55 号

办学层次：“211 工程”“双一流”

校训：严谨，勤俭，求实，开拓

重点学科知多少

第二轮“双一流”建设学科

应用经济学

名校有历史

1925 年 成立光华大学

1938 年 内迁成都，定名光华大学成都分部

1960 年 分设四川财经学院和四川科学技术学院

1961 年 合并更名为成都大学

1985 年 更名为西南财经大学

蜿蜒的长江水滋润着两湖大地，神农架与张家界诉说着大自然的鬼斧神工，黄鹤楼与岳阳楼流传着千年的古韵诗意。这里不仅是荆楚文化的发源地，也承载着湖湘儿女的智慧与梦想，是高等学府林立的知识殿堂。

湖北

“985 工程”
“211 工程”
“双一流”

华中科技大学
武汉大学

“211 工程”
“双一流”

中国地质大学（武汉）
武汉理工大学
中南财经政法大学
华中师范大学
华中农业大学

湖南

“985 工程”
“211 工程”
“双一流”

湖南大学
中南大学
国防科技大学

“211 工程”
“双一流”

湖南师范大学

“双一流”

湘潭大学

“家底厚实”的工医两强、文理协同发展的高校

华中科技大学

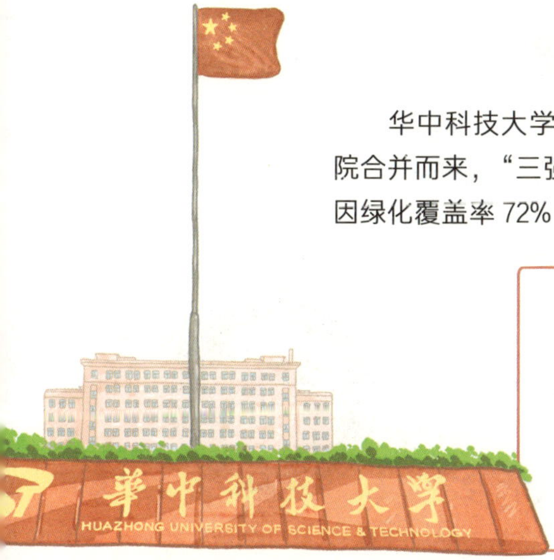

华中科技大学由原华中理工大学、同济医科大学和武汉城市建设学院合并而来，“三强联合”的背景造就不凡的专业实力。校园内树木葱茏，因绿化覆盖率 72% 而被誉为“森林式大学”。

名校身份证

校名： 华中科技大学（简称：华科大）

学校类别： 综合类

学校地址： 湖北省武汉市洪山区珞喻路 1037 号

办学层次： “985 工程”“211 工程”“双一流”

校训：明德，厚学，求是，创新

名校有历史

1952 年 原华中理工大学前身华中工学院创办

1952 年 原武汉城市建设学院前身中南建筑工程学校创办

2000 年 原华中理工大学、同济医科大学、武汉城市建设学院合并组建华中科技大学

重点学科知多少

第二轮“双一流”建设学科

机械工程 光学工程
材料科学与工程
动力工程及工程热物理
电气工程 基础医学
计算机科学与技术
公共卫生与预防医学
临床医学

李锐讲名校故事

华为的“娘家”到底有多强？

华为公司的多位核心创始人和技术骨干都毕业于华中科技大学，如创业元老郑宝用。华中科技大学在全球计算机科学等领域的排名居于前列，每年都有大量优秀毕业生进入华为工作，因此赢得了“华为娘家”的美誉。

报考小贴士

华中科技大学的特色班型启明学院在大一新生中选拔优秀本科生，按照实验班、创新团队和本科特优生三类，与院（系）共同培养。

一所自然之美与人文之美交相辉映的大学

武汉大学

武汉大学是近代中国建立最早的国立大学之一。学校坐拥珞珈山，环绕东湖水，武大樱花每年三月中旬进入盛花期，武大被誉为“中国最美丽的大学”之一。

名校身份证

校名： 武汉大学（简称：武大）
学校类别： 综合类
学校地址： 湖北省武汉市武昌区八一路 299 号
办学层次： “985 工程” “211 工程” “双一流”

重点学科知多少

第二轮“双一流”建设学科

理论经济学 法学 水利工程 生物学
测绘科学与技术 马克思主义理论
土木工程 化学 地球物理学
图书情报与档案管理 口腔医学

报考小贴士

获得数学、物理、化学、生物、信息学五大学科竞赛省级赛区一等奖的新生，进校后可优先进入弘毅学堂理科试验班和工科试验班。

校训：自强，弘毅，求是，拓新

你知道吗？

武汉大学所处的珞珈山，坐落于湖北武昌东郊，其盛景闻名已久。

不可不知的名校风景

樱花城堡，极致浪漫

樱顶宿舍，又称樱花城堡。宿舍楼群紧邻著名的樱花大道，每到春季樱花盛开的时节，宿舍四周簇拥着盛放的樱花，犹如置身于一片粉色的海洋。春日樱花烂漫，夏日绿荫蔽日，秋夜明月皎洁，冬晨霜雪皑皑。在这里，一年四季都是好时光。

三月，共赴一场春日之约

樱花大道是武汉大学的绝佳赏樱处。每年三月，武汉大学便会迎来一场盛大的自然庆典，约 600 米长的樱花大道被繁茂的花枝装点得梦幻而又浪漫。短短一个月左右的花期，足以改变你对春天的定义，满眼的樱花云海，缤纷的花瓣地毯，这场春日限定魔法令你恍惚间以为自己穿越进了漫画。

李锐讲名校故事

研发隐身衣，武大学子让科幻走进现实

武汉大学不仅有美不胜收的樱花雨，更有超级强悍的智囊团。武大学生团队成功研发出一款令人惊艳的“隐身衣”。这款特殊的衣服通过特制的迷彩图案和温控装置，在特定环境下能有效地避开机器或人工智能的追踪监测，提供全天候的隐身防御。

名校有历史

1893 年	自强学堂创办	**1926 年**	国立武昌大学、省立医科大学等多校合并，建立国立武昌中山大学
1913 年	国立武昌高等师范学校建立	**1928 年**	改组国立武昌中山大学，组建国立武汉大学
1923 年	改名为国立武昌师范大学	**1949 年**	更名为武汉大学
1925 年	改名为国立武昌大学		

以“挖地球”为己任的中国地球科学最高学府

中国地质大学（武汉）

地壳深处探宝藏，石头也能讲故事。中国地质大学（武汉）肩负着解读地球密码，探索宇宙奥秘的重任，一群上天能测绘卫星数据，下海能捞锰结核，钻地能寻石油、天然气的学霸聚集于此。

名校身份证

校名：中国地质大学（武汉）
（简称：地大）
学校类别：理工类
学校地址：湖北省武汉市洪山区鲁磨路 388 号
办学层次：“211 工程”“双一流”

校训：艰苦朴素，求真务实

重点学科知多少

第二轮“双一流”建设学科

地质学 地质资源与地质工程

名校有历史

1952 年 成立北京地质学院
1970 年 迁至湖北，更名为湖北地质学院
1974 年 定址武汉，更名为武汉地质学院
1978 年 在原北京旧校址设立武汉地质学院北京研究生部
1987 年 原国家教育委员会批准组建中国地质大学，武汉、北京两地办学，总部在武汉
2005 年 武汉、北京两地独立办学

李锐讲名校故事

中国地质大学逸夫博物馆，为你打开 46 亿年的地球画卷

在中国地质大学逸夫博物馆，石头不只是石头，而是讲述地球历史的信使。你可以亲身体验人造地震平台所带来的大地的颤动，也可以进入由 9 具恐龙骨架、恐龙足迹化石等组成的恐龙世界。面积达 100 平方米的展现 2 亿多年前“远古生命足迹”的化石幕墙，距今 2 亿多年、长 8 米的鱼龙化石……这些镇馆之宝将带你踏上一场穿越时空的奇妙旅程。

报考小贴士

设地球物理学国家拔尖计划班，采取导师制培养模式，实施“本—硕—博”贯通培养计划，支持本科生开展国际访学交流和短期课程培训等。

建材建工、交通、汽车三大行业的最大人才库

武汉理工大学

江汉关头，烽火连三月。武汉理工大学起源于洋务运动后的湖北工艺学堂，诞生于民族工业觉醒之际，承载着实业救国的梦想。

名校身份证

校名：武汉理工大学
（简称：武汉理工）
学校类别：理工类
学校地址：湖北省武汉市洪山区珞狮路 122 号
办学层次：“211 工程”“双一流”

重点学科知多少

第二轮“双一流”建设学科

材料科学与工程

校训：厚德博学，追求卓越

名校有历史

1898 年 建立湖北工艺学堂
1985 年 更名为武汉工业大学
2000 年 与武汉交通科技大学、武汉汽车工业大学合并组建武汉理工大学

财经政法两手抓的实力派

中南财经政法大学

中南财经政法大学融通育才，形成以经济学、法学、管理学为主干，多学科融通发展的办学特色，凝聚力和社会声誉与日俱增。

名校身份证

校名：中南财经政法大学
（简称：中南大）
学校类别：财经类
学校地址：湖北省武汉市东湖新技术开发区南湖大道 182 号
办学层次：“211 工程”“双一流”

校训：博文明理，厚德济世

重点学科知多少

第二轮“双一流”建设学科

法学

名校有历史

1948 年 成立中原大学
1958 年 中南财经学院、中南政法学院、中南政法干校、武汉大学法律系合并组建湖北大学
1985 年 更名为中南财经大学
2000 年 与中南政法学院合并组建中南财经政法大学

稳居国内师范教育一流阵营

华中师范大学

江城明珠，师范菁华，华中师范大学悠然挺立于长江之畔，在历史的洗礼中茁壮成长，不仅传承荆楚文化的深厚底蕴，更孕育无数园丁，浇灌祖国未来。

名校身份证

校名： 华中师范大学（简称：华中师大）
学校类别： 师范类
学校地址： 湖北省武汉市洪山区珞喻路 152 号
办学层次： “211 工程”“双一流”

校训：求实创新，立德树人

重点学科知多少

第二轮“双一流”建设学科

政治学 教育学 中国语言文学

名校有历史

1871 年 成立文华书院
1903 年 文华书院设立大学部
1951 年 中原大学教育学院与华中大学合并组建公立华中大学
1953 年 定名华中师范学院
1985 年 更名华中师范大学

开创中国高等农业教育先河

华中农业大学

华中农业大学承载兴农报国之志，融合古今智慧，深耕细作，如今已稳居国内一流高等农业学府之列，持续为中国农业现代化进程贡献力量。

名校身份证

校名： 华中农业大学（简称：华农）
学校类别： 农林类
学校地址： 湖北省武汉市洪山区狮子山街 1 号
办学层次： “211 工程”“双一流”

重点学科知多少

第二轮“双一流”建设学科

生物学 园艺学 畜牧学
兽医学 农林经济管理

校训：勤读力耕，立己达人

名校有历史

1898 年 兴办湖北农务学堂
1950 年 演变为湖北省农学院
1952 年 与其他学院（系）组建为华中农学院
1985 年 正式更名为华中农业大学

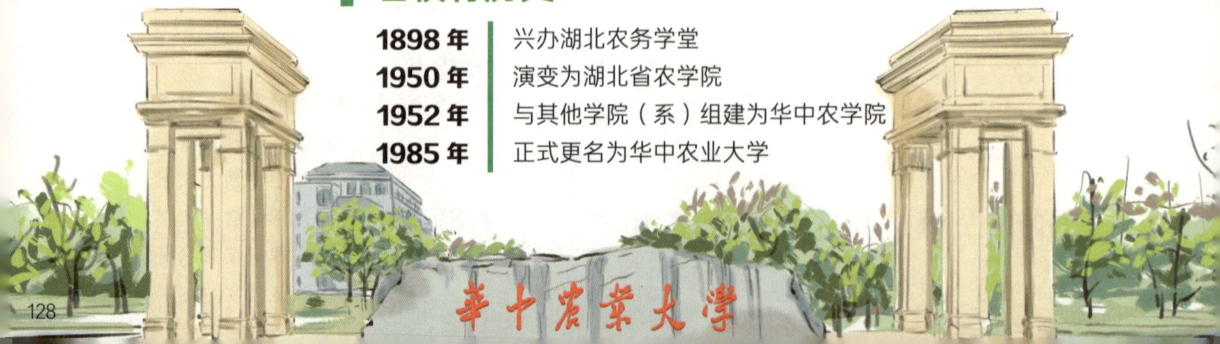

汇聚岳麓书院千年积淀的名校

湖南大学

湖南大学倚岳麓山之灵秀，临湘江水之浩渺，其前身岳麓书院承载着千年的文化底蕴与教育理想。自创办之日起，湖南大学便以振兴中华为己任，培养出一代代经世致用的国之栋梁。

名校身份证

校名：湖南大学（简称：湖大）

学校类别：综合类

学校地址：湖南省长沙市岳麓区麓山南路麓山门

办学层次：“985 工程”“211 工程”“双一流”

校训：实事求是，敢为人先

重点学科知多少

第二轮“双一流”建设学科

化学 机械工程 电气工程

李锐讲名校故事

东方红，太阳升

湖南大学的东方红广场中央，矗立着湖南大学极其珍贵的地标性建筑——毛主席雕像。岳麓山下，湘江河畔，主席远眺东方初升的朝阳，寄寓着对这片热土深沉的眷恋。东方红广场不仅见证了无数湖大学子的青春岁月和求知之旅，更成为每一位师生心中难以忘怀的湖大印象。

名校有历史

1926 年 正式定名湖南大学

2000 年 湖南大学与湖南财经学院合并组建成新的湖南大学

你知道吗？

1950 年，毛泽东亲笔题写了“湖南大学”校名。1952 年，湖南大学重修爱晚亭，毛泽东还题写了匾额。

报考小贴士

建有 2 个教育部基础学科拔尖学生培养计划 2.0 基地：化学拔尖学生培养基地、计算机科学拔尖学生培养基地。着力培养基础学科领域的拔尖人才。

于世纪曙光中新生的湖湘学府

中南大学

岳麓山下，湘江之滨，中南大学矗立于此。作为综合性研究型大学，中南大学以工程学科为龙头，医学、管理学等多学科并重，融合湖湘文化精髓，推动科技创新，英才辈出。

名校身份证

校名： 中南大学（简称：中南）
学校类别： 综合类
学校地址： 湖南省长沙市岳麓区麓山南路 932 号
办学层次： “985 工程”“211 工程”“双一流”

校训：知行合一，经世致用

名校有历史

1952 年 组建中南矿冶学院
1985 年 更名为中南工业大学
2000 年 与湖南医科大学、长沙铁道学院合并组建中南大学

重点学科知多少

第二轮“双一流”建设学科

数学 材料科学与工程 冶金工程
交通运输工程 矿业工程

报考小贴士

开设“詹天佑班”，在土木工程学专业本科生中选拔优秀学生，邀请该学科的名师、院士授课或举办讲座，以培养土建学科和铁道领域的拔尖人才。

你知道吗？

中南大学拥有享“南湘雅”美誉的湘雅医院，在名气上与“北协和”（北京协和医院）并列。

李锐讲名校故事

打造“精准医学”领域战略科技力量

芙蓉实验室是湖南“4+4 科创工程”的重要组成部分，总部核心区在中南大学湘雅医学院，由中南大学牵头，对标国家实验室，拥有中国首个临床级无人值守全自动 5G 生物样本库，产出多项重大科研成果，实现临床技术突破。

栉风沐雨，见证历史——和平楼与民主楼

“七七事变”后清华大学被迫南迁，在岳麓山下建造了两栋具有“上海滩”建筑艺术风格的教学大楼，但当时并没有被实际使用。这两栋教学楼就是如今中南大学的和平楼与民主楼，它们默默见证着浴血抗战的沧桑历史，也提醒着中南学子牢记历史、砥砺前行。

开放与智慧作底色的幸福感满满大学

湖南师范大学

湘江之滨，麓山脚下，湖南师范大学以传统文化为根，现代教育为翼，礼教育人并蒂开，培育时代精英，书写着师范教育的辉煌篇章。

名校身份证

校名： 湖南师范大学
（简称：湖南师大）
学校类别： 师范类
学校地址： 湖南省长沙市岳麓区麓山路 36 号
办学层次： “211 工程” “双一流”

重点学科知多少

第二轮“双一流”建设学科

外国语言文学

校训：仁爱精勤

名校有历史

1938 年 成立国立师范学院
1953 年 以原国立师范学院为基础，合并组建湖南师范学院
1984 年 更名为湖南师范大学

中国国防科技和高等教育史上的丰碑

国防科技大学

烽火岁月铸军魂，国防科大育英才。国防科技大学的前身“哈军工”创办于抗美援朝期间，是新中国第一所高等军事工程学院，肩负着强军兴国的崇高使命。

名校身份证

校名： 国防科技大学（简称：国防科大）

学校类别： 军事类

学校地址： 湖南省长沙市开福区德雅路

办学层次： “985 工程”“211 工程”“双一流”

重点学科知多少

第二轮“双一流”建设学科

- 软件工程
- 信息与通信工程
- 航空宇航科学与技术
- 管理科学与工程
- 计算机科学与技术

校训：厚德博学，强军兴国

名校有历史

1953 年 于哈尔滨创建中国人民解放军军事工程学院

1970 年 学院主体南迁长沙，改名为长沙工学院

1978 年 改建为中国人民解放军国防科学技术大学

2017 年 重建国防科技大学，归军委建制领导

李锐讲名校故事

彰显科技与文化的“银河之光”

自 1998 年以来，“银河之光”大型科技文化节已在国防科技大学举办了 20 多届，通过科技创新竞赛、学科比拼、军事比武等活动，传承胸怀祖国、团结协作、志在高峰、奋勇拼搏的银河精神，激发学子投身国防科技事业的荣誉感和使命感。

福建土楼环抱青山，滕王阁边渔舟唱晚，广州塔下车水马龙……历史与现代在这里完美交融，红土地上传承着不朽的革命精神，东南沿海凝聚着智慧的知识殿堂。开放包容的气息洋溢在每个角落，东南大地续写着新时代的繁荣华章。

福建

"985 工程"
"211 工程"
"双一流"

厦门大学

"211 工程"
"双一流"

福州大学

江西

"211 工程"
"双一流"

南昌大学

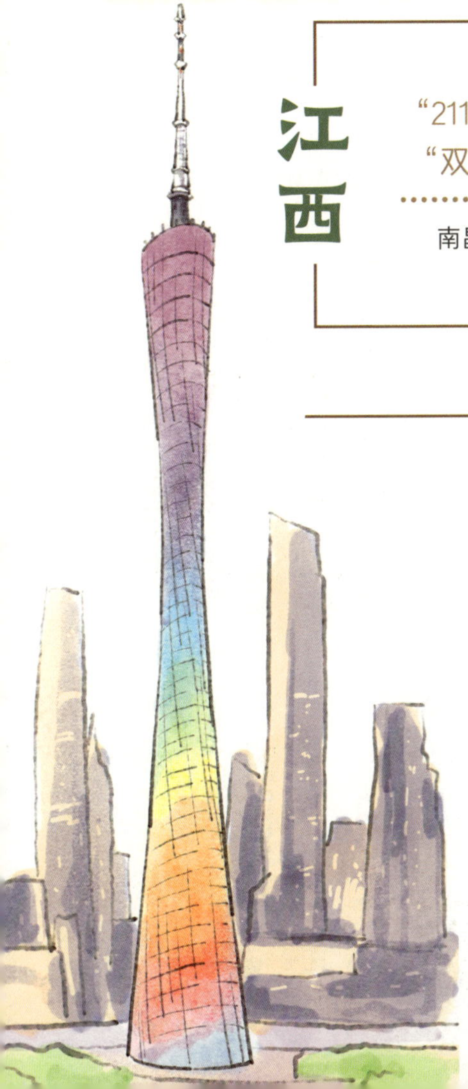

广东

"985 工程"
"211 工程"
"双一流"

中山大学
华南理工大学

"211 工程"
"双一流"

华南师范大学
暨南大学

"双一流"

华南农业大学
广州中医药大学
南方科技大学
广州医科大学

爱国华侨创办的中国最美大学

厦门大学

昼闻书声琅琅，夜枕海浪而眠，背山靠海的厦门大学由著名爱国华侨陈嘉庚一手创办。凤凰花开的时节，学子们挥手告别那一片火红，也带着希望从这里起航。

名校身份证

校名： 厦门大学（简称：厦大）
学校类别： 综合类
学校地址： 福建省厦门市思明区思明南路 422 号
办学层次： “985 工程”“211 工程”“双一流”

校训：自强不息，止于至善

名校有历史

1921 年 陈嘉庚创立厦门大学
1937 年 由私立改为国立
1951 年 原省立福建农学院并入厦大，原私立福建学院的政治、法律、经济三系并入厦大

重点学科知多少

第二轮“双一流”建设学科

教育学 化学 海洋科学
生物学 生态学 统计学

你知道吗？

厦门大学马来西亚分校于 2016 年正式办学，是第一所在海外设立的中国知名大学分校。

不可不知的名校风景

大南校门并不朝南

位于厦门大学大南片区的大南校门毗邻南普陀寺，简称“南校门”。实际上，它面向西方，并不是朝南开的。

报考小贴士

厦门大学会计系创办于 1924 年，所在学院同时拥有 AMBA（英国工商管理硕士协会）、EQUIS（欧洲质量发展认证体系）和 AACSB（国际商学院协会）三大国际认证。

“飞檐翘脊”颂母校栽培之恩

面向芙蓉湖的颂恩楼群由五座大楼组成，为厦大校友和爱国华侨出资捐建，其建筑风格结合闽南式“飞檐翘脊”屋顶和西式“白墙石柱”屋身，这些建筑被称为“穿西装、戴斗笠”的“嘉庚式建筑”。

李锐讲名校故事

无惧台风的瓦片——嘉庚瓦

当年陈嘉庚回乡办学，校舍建设需要大量瓦片，进口洋瓦成本高昂，传统瓦片易碎不抗风。于是，他以闽南红壤为原料，将中国传统的仰合平板瓦改良为结实厚重又有铜线牢系、可挂搭的“嘉庚瓦”。

低调有实力，就业率不输 985 的 211 院校

福州大学

福州大学倚旗山而建，傍闽江而立，有效利用当地的经济优势和开放态势，为在校学生创造了丰富的职业发展空间和创业机遇，使得福州大学在一众 211 院校中有着不俗的就业表现。

名校身份证

校名：福州大学（简称：福大）

学校类别：理工类

学校地址：福建省福州市福州大学城乌龙江北大道 2 号

办学层次：“211 工程”“双一流”

校训：明德至诚，博学远志

名校有历史

1958 年	创办福州大学
1970 年	华侨大学土木建筑工程系并入，同时增办教育系
1973 年	教育系移交至福建师范大学
1978 年—1983 年	增设轻工、工业管理等多个院系，成为一所多学科协调发展的重点大学

李锐讲名校故事

福友阁畔，莲叶田田

福州大学校园内的福友阁是一处极具古典韵味的建筑。炎炎夏日里，环绕福友阁的荷花池中荷花盛开，娇艳的花朵与碧绿宽大的荷叶相映成趣，水景怡人。

重点学科知多少

第二轮“双一流”建设学科

化学

位于古老“英雄城”的年轻精英学府

南昌大学

“豫章故郡，洪都新府”，被流传千古的《滕王阁序》称赞为“物华天宝”“人杰地灵”的江西南昌，屹立着历经百年艰辛的南昌大学，它自 1921 年的烽火岁月中走来，开启迈向世界一流大学的新征程。

名校身份证

校名：南昌大学（简称：南大）
学校类别：综合类
学校地址：江西省南昌市红谷滩区学府大道 999 号
办学层次：“211 工程”“双一流”

校训：格物致新，厚德泽人

重点学科知多少

第二轮“双一流”建设学科

材料科学与工程

名校有历史

1921 年	江西医学院的前身江西公立医学专门学校创建
1940 年	江西大学的前身国立中正大学创建
1958 年	江西工业大学的前身江西工学院创建
1993 年	江西大学与江西工业大学合并组建南昌大学
2005 年	与原江西医学院合并组建新的南昌大学

报考小贴士

开办理工基础学科实验班、国学实验班、综合实验班、人工智能实验班等 9 个拔尖创新人才培养实验班，实行个性化、小班化、国际化教学。

李锐讲名校故事

“亚洲第一校门”

南昌大学前湖校区的一号门，全长 323 米，大气威严，被誉为“亚洲第一校门”，其作为南昌大学的标志性建筑，已经成为南昌大学同学们和各地游客的拍照打卡地。

华南学府领头羊

中山大学

中山大学是中华人民共和国教育部直属高校，是教育部、国家国防科技工业局和广东省共建的综合性全国重点大学，被誉为“华南第一学府”。

名校身份证

校名： 中山大学（简称“中大”）
学校类别： 综合类
学校地址： 广东省广州市海珠区新港西路 135 号
办学层次： “985 工程”“211 工程”“双一流”

校训：博学，审问，慎思，明辨，笃行

名校有历史

1924 年 孙中山创立国立广东大学
1926 年 更名为国立中山大学
1952 年 定名中山大学
2001 年 中山大学与中山医科大学合并成为新的中山大学

重点学科知多少

第二轮“双一流”建设学科

哲学 数学 化学 生物学 生态学
材料科学与工程 电子科学与技术
基础医学 临床医学 药学 工商管理

你知道吗?

惺亭是为了纪念史坚如、区励周、许耀章3位在民主运动中牺牲的师生而修建的。

不可不知的名校风景

南校地标——北门牌坊

庄严大气的中山大学牌坊一直以来都是中山大学的标志。人们熟知的中山大学牌坊位于中大南校园北门，珠江南岸滨江东路。此牌坊建于 2001 年，参照五山路原有的国立中山大学牌坊复制而成。

康乐建筑——怀士堂

怀士堂位于中大南校区康乐园，是由美国克利夫兰市的华纳和史怀士公司的总裁安布雷·史怀士出资为岭南学校修建的。为纪念捐赠者，命名为“怀士堂”，又称“小礼堂”，如今是中山大学的标志性建筑之一。

李锐讲名校故事

孙中山纪念铜像——中大精神的象征

屹立于中大康乐园中心的孙中山纪念铜像是按照孙中山先生身高 1:1 复制还原的。这座铜像由日本友人梅屋庄吉所赠，1933 年被放置在中大旧址，1956 年移入康乐园。如今，孙中山纪念铜像已经成为中山大学的象征与中大学子的骄傲。

报考小贴士

工商管理、临床医学和生态学实力强悍，学科优势明显。

南方工科大学的一面旗帜

华南理工大学

1918 年，广东省立第一甲种工业学校成为汹涌革命浪潮中的广州学生运动中心，被誉为“红色甲工”，华南理工大学的源头可追溯至此。从此，华南理工大学在风雨兼程中，为国家工业化与现代化建设写下浓墨重彩的一笔。

校训：博学慎思，明辨笃行

名校身份证

校名：华南理工大学（简称：华南理工）
学校类别：综合类
学校地址：广东省广州市天河区五山路 381 号
办学层次：“985 工程”“211 工程”“双一流”

重点学科知多少

第二轮“双一流”建设学科

化学 材料科学与工程
轻工技术与工程
食品科学与工程

名校有历史

1918 年 广东省立第一甲种工业学校成立
1952 年 正式组建华南工学院
1988 年 更名为华南理工大学

报考小贴士

学校本科外语教学中，非外语类专业主要采用英语教学，本科生英语水平必须达到学校的培养要求方可毕业。

李锐讲名校故事

科技工程人才的孵化器

华南理工大学培养了大批研究型工程师和科技创业领袖，被誉为“工程师的摇篮”“企业家的摇篮”。近几年因为校友在新能源智能汽车领域的造车新势力中占据半壁江山，华南理工又多了个“新能源汽车界的黄埔军校”的称号。

培育教育人才的南方高地

华南师范大学

南粤学府育桃李，岭南海滨传师魂。华南师范大学的建校史始于 1933 年，而办学史最早可溯源至 1888 年创建的格致书院——突破旧教育的藩篱，全面引入近代教育制度和教育内容，实现了传统教育的改革。

校训：艰苦奋斗，严谨治学，求实创新，为人师表

名校有历史

1933 年	广东省立勷勤大学师范学院创办
1938 年	发展为广东省立教育学院
1950 年	更名为广东省文理学院
1951 年	中山大学师范学院、私立华南联合大学教育系并入，定名华南师范学院
1982 年	更名为华南师范大学

名校身份证

校名： 华南师范大学

（简称：华南师大）

学校类别： 师范类

学校地址： 广东省广州市天河区中山大道西 55 号

办学层次： “211 工程” “双一流”

重点学科知多少

第二轮“双一流”建设学科

物理学

李锐讲名校故事

基础教育的“工作母机”

教育的核心在于教师，师范教育塑造着教育未来的面貌，因此师范教育堪称教育事业的“工作母机”。华南师范大学致力于提升广东师资整体素质，构建南方教育顶尖智囊体系，积极参与并服务于广东教育改革实践，在基础教育层面发挥着示范引领作用。

学术、文体两开花的华侨学府

暨南大学

暨南大学是中国第一所由政府创办的华侨学府。“暨南”二字出自《尚书 · 禹贡》，意为面向南洋地区，弘扬中华文化至五洲四海。如今，这里每年都会迎来很多海外学子，堪称世界文化大熔炉。除了科研成果频获大奖，“中国飞人”苏炳添也在暨大执教。

名校身份证

校名： 暨南大学（简称：暨大）
学校类别： 综合类
学校地址： 广东省广州市天河区黄埔大道西 601 号
办学层次： “211 工程”“双一流”

校训：忠信笃敬

重点学科知多少

第二轮“双一流”建设学科

药学

名校有历史

1906 年 暨南学堂创立
1918 年 更名为国立暨南学校
1927 年 更名为国立暨南大学
1949 年 合并于复旦大学、上海交通大学等高校
1958 年 在广州重建
1978 年 在广州复办

报考小贴士

暨南大学伯明翰大学联合学院的学生四年均在国内读书，成绩合格后获得暨南大学和伯明翰大学的学位证，还能考研深造。

李锐讲名校故事

121 个国家印记——万国墙

暨南大学的“万国墙”就像一块“世界地图拼图”，明亮的黄色墙壁上记录着自 1978 年开始，学生来源的所有国家的名称，与校名中“暨南”之意一致，生动展示着这所百年名校的包容和国际化特色。

漓江、天涯海角、玉龙雪山、喀斯特地貌，西南边陲的瑰宝之地合成一首生动的自然诗篇，这里有甲天下的美景，映照出天地间的灵秀逸致；这里也是多民族聚居的热土，孕育了淳朴豁达的人民，培育出扎根乡土、辐射全球的卓越学府。

广西　海南　云南　贵州

广西	海南	云南	贵州
“211 工程” “双一流”	“211 工程” “双一流”	“211 工程” “双一流”	“211 工程” “双一流”
广西大学	海南大学	云南大学	贵州大学

广西高等教育的排头兵

广西大学

南疆烽火蕴重兴，学府初创砺国魂。广西大学发轫于民国时期，承载着边陲教育振兴的使命，见证了民族复兴的征程。

名校身份证

校名： 广西大学（简称：西大）
学校类别： 综合类
学校地址： 广西壮族自治区南宁市大学东路 100 号
办学层次： “211 工程”“双一流”

校训：勤恳朴诚，厚学致新

重点学科知多少

第二轮“双一流”建设学科

土木工程

名校有历史

1928 年 成立省立广西大学
1939 年 成为国立广西大学
1953 年 在全国高校院系调整中被拆分到 19 所高校
1958 年 广西大学恢复重建
1997 年 与广西农业大学合并组建新的广西大学

李锐讲名校故事

“一代宗师”在西大

钟声在梧州蝴蝶山鸣响，广西大学诞生了，与蔡元培并称教育界“北蔡南马”的中国著名教育家、翻译家、诗人马君武担任首任校长，坚定复兴中华、发达广西的立校本意，从此弦歌不辍，薪火相传，开启了八桂大地高级人才培养的新纪元。

报考小贴士

设有免费少数民族预科班，录取的考生须同时符合少数民族、农业户口等 4 个条件。

椰影婆娑的热带学霸岛

海南大学

椰风海韵，琼崖潮头。海南大学立足热带海岛特色，在一片荒滩地上艰苦起家，时刻向世人散发着它的“热情”。

名校身份证

校名： 海南大学（简称：海大）
学校类别： 综合类
学校地址： 海南省海口市人民大道 58 号
办学层次： “211 工程”“双一流”

校训：海纳百川，大道致远

名校有历史

1958 年 创建原华南热带农业大学
1983 年 组建原海南大学
2007 年 原海南大学与华南热带农业大学合并组建新的海南大学

报考小贴士

海南大学数学与统计学院是国家天元数学东南中心共建单位，拥有海南省工程建模与统计计算重点实验室和海南省院士工作站，学术氛围浓厚。

重点学科知多少

第二轮“双一流”建设学科

作物学

李锐讲名校故事

热带农业科教领域的“双子星”之一

原华南热带农业大学是专注于橡胶和热带农业研究的特色学府，与 1954 年成立的中国热带农业科学院并称“热作两院”，被誉为中国热带农业科教领域的“双子星”。经过“两院人”的不懈努力，中国由原来的橡胶空白国，崛起为世界第五大产胶国。“热作两院”为国家和地方经济社会发展做出了重大贡献。

苏东坡在海南

公元 1097 年，苏东坡被贬儋州，他在这里开办学堂，传播先进的文化知识，成为儋州文化的开拓者、播种者，开启了海南文化教育的先河。如今海大校园中的东坡像，不仅是对苏东坡学术理念的传承，也是对其浩然正气的赞颂和纪念。

彩云之南的智慧殿堂

云南大学

钟灵毓秀，书香氤氲。翠湖之畔曾是明清两朝选拔英才的贡院故地，云南大学自初创时择此佳境，汲取丰厚历史底蕴，历经风雨洗礼，如同鲲鹏，振翅翱翔于学术的浩渺苍穹。

名校身份证

校名：云南大学（简称：云大）

学校类别：综合类

学校地址：云南省昆明市五华区翠湖北路 2 号

办学层次：“211 工程”“双一流”

校训：自尊，致知，正义，力行

重点学科知多少

第二轮“双一流”建设学科

民族学 生态学

名校有历史

1923 年 私立东陆大学开课

1934 年 更名为省立云南大学

1938 年 改为国立云南大学

1978 年 云南大学被列为重点大学之一

报考小贴士

学校开设了“经济学 + 统计学”双学士学位复合型人才培养项目，单独招生，小班化教学，实行导师制。

李锐讲名校故事

一步一景，一眼一画

龙门仰止，崇楼眺翠，至公闻吼，钟铎接晖，旧院读松，银杏飘金，海棠映日，这是有名的“云大七景”，云南大学内风景秀丽，每个季节的校园都犹如画卷般梦幻。

黔中大学的“一哥”

贵州大学

贵州大学源起清朝末年，于黔中腹地兴起学潮，秉承救亡图存之志，于民族危难之际孕育了西南地区首批高级专门人才，开启了贵州近代高等教育的新篇章。

名校身份证

校名： 贵州大学（简称：贵大）

学校类别： 综合类

学校地址： 贵州省贵阳市花溪区花溪大道南段 2708 号

办学层次： “211 工程” “双一流”

校训：明德至善，博学笃行

重点学科知多少

第二轮“双一流”建设学科

植物保护

名校有历史

1902 年	创建贵州大学堂
1950 年	定名为贵州大学
1997 年	与贵州农学院等院校合并
2004 年	与贵州工业大学合并组建为新的贵州大学

报考小贴士

贵州大学人民武装学院是贵州大学的直属院系，但两校分别独立招生教学，贵州大学人民武装学院的录取分数略低。

李锐讲名校故事

花溪河畔的文教瑰宝

云贵高原明珠花溪河畔有一座贵州大学中国文化书院，无声纪念着贵州文化教育鼻祖尹珍先生传播中原文化的壮举，书院内做致礼状的孔子铜像象征着中华文化重礼义的精神，“贵山书院”石刻承载着学校自清代“贵山书院”改制为“贵州大学堂”以来 120 余年的发展历史。

图书在版编目（CIP）数据

选对大学，从认识名校开始. 上 / 傲游猫童书著
. — 西安 ： 未来出版社，2024.5（2024.6重印）
ISBN 978-7-5417-7649-6

Ⅰ. ①选… Ⅱ. ①傲… Ⅲ. ①高等学校－介绍－中国
Ⅳ. ①G649.28

中国国家版本馆CIP数据核字(2024)第061670号

选对大学，从认识名校开始 上

Xuan Dui Daxue , Cong Renshi Mingxiao Kaishi Shang

傲游猫童书 著

图书策划 石晓晓　　责任编辑 雷露深
封面设计 杨晓庆　　特约编辑 邢恬恬 张亚楠
美术编辑 杨玲玲
出版发行 未来出版社
地址 西安市雁塔区登高路1388号（邮编 710061）
开本 787 mm×1 092 mm 1/16 印张 9.25
字数 225千字
印刷 上海中华印刷有限公司
版次 2024年5月第1版
印次 2024年6月第2次印刷
书号 ISBN 978-7-5417-7649-6
定价 49.80元

出品策划 荣信教育文化产业发展股份有限公司
网址 www.lelequ.com　电话 400-848-8788